外帶一杯

世界史

WELTGESCHICHTE

to go

從世界之都、
重要理念、
最酷發明、
英雄與惡魔……
等視角趣看人類歷史

◆亞歷山大・封・笙堡——著
◆闕旭玲、陳宣名、許嫚紅、張淑惠——譯

Alexander von Schönburg

推薦序　外帶，比店內享用來得自在

公孫策

這本書不只開了一扇窗，它開了一個門。

當初讀《萬曆十五年》時，欣喜若狂，因為它開了一扇新的窗子，從此讀歷史學會上下縱橫，還會橫逆思考：逆向思考「這件事如果不發生或結果相反」，橫向思考「興亡盛衰是一整個社會的影響」。但始終難以回答的問題是「學歷史有什麼用？」標準答案是「鑒往知來」，而鑒往還容易，知來卻事實上做不到。

本書開了一個門，或許可以通到「鑒往而能知來」。這怎麼說呢？

我四年前為一群創業青年開了一個課堂「長風萬里堂」，取義「乘長風破萬里浪」，起初是借鏡春秋戰國的歷史，作為應對當前「全球化天羅地網」的心法。三年後，我調整了教材，開始從「人類為什麼能在地球上勝出？」講起。

簡單說，之前是遵循錢穆先生說的「在現實裡找問題，到歷史裡尋答案」，那已經儘量貼近「鑒往知來」的實用性了，但總覺哪裡不足。後來我歸納人類能在萬物中勝出，主要歸因於幾種能力：使用工具、複製知識、複製食物、學會交易、戰勝疾病等等。而每次人類發明新的、跟這些能力有關事物的時候，人類社會就出現一次大躍進。春秋戰國時代的科技大躍進是鐵工具開始普及，影響到生產、築城、戰爭，乃至階級重組（士農工商出現），因此造成一個「巨變時代」。

然而，春秋戰國的歷史只能用於「遇到狀況有哪些人物或故事可以借鏡」，也就是只能鑒往、無以知來。要想知來，必須曉得「新發生的這個狀況會不會造成根本上的變革」。換個角度說，從石器時代進步到鐵器時代，不能說明「人類為什麼能夠在萬物中勝出」，而只有能夠造成知識、工具、食物、交易、疾病根本上變革的新發明（用時髦語言說就是Killer Application），才會發生巨大變化，然後能及時跟上，也就接近鑒往知來了。

此所以我對這本書另眼看待，並且真誠推薦：本書的觀點跟前述我的心得完全一致。作者自謂「記者出身所以擅長去蕪存菁，敢於篩選資料」、「唯有這種業餘者的簡化，才能讓讀者有機會掌握住整體歷史梗概」、「業餘代表的是，因為熱愛這件事（讀歷史）才會去做它」，這些都深得我心，因為我也是記者出身，也是充滿熱忱的業餘歷史工作者。

然而，我自己深感不及的是本書作者的學識淵博，他能夠從宇宙起源「大霹靂」談到AI人工智慧，從西非峽谷原始智人的手斧談到自拍棒，如此上下縱橫的好書（不到三百頁講完人類文明史），不但值得推薦給讀者，我自己也會將它的內容納入我的教材。

書名「外帶」有著作者的深意：通常我們講到外帶食物時，不論是正餐還是咖啡，總有簡單、非正式、附帶的含意，但事實上，外帶食物（例如咖啡）能夠不受店內享用的拘束，而我認為這正是作者的深意，不受傳統記一堆年代、人名、事件始末的拘束，而能將思考至於「怎麼來，怎麼去，影響因素是什麼？」

內容就由讀者自己消化了——自在的享用外帶，沒有壓力，但千萬不要只是讓文字從眼睛前面流過去而已，這不是一本故事書或純文學作品，它是有用的知識，在讀到「哪個時空背景出現怎樣的情況」時，對應一下眼前的巨變時代，能幫助你看到「啊，這個變革的影響會很大（或很小）」。

我本人感覺不舒服的部分，也在此誠實向讀者報告：作者選擇的「十大」（如十大城市、十大演說，甚至十大惡棍等），是他個人的主觀，基本上是歐洲人本位思考，但不必太介意那些，重點在於本書的方法與思考邏輯。就如外帶咖啡，他喜歡卡布奇諾，你喜歡拿鐵，重點在享用外帶那分自在。

（本文作者為專欄作家，著有「公孫策說歷史故事系列」：《英雄劫》、《大對決》、《黎民恨》、《夕陽紅》、《大唐風》、《勝之道》。另著有《去梯言》、《冰鑑識人學》、《水滸傳教你職場生存術》〔以上皆為商周出版〕。）

目錄

不寫前言，但事先聲明一下

國民與人類，愚蠢與睿智，戰爭與和平，皆如潮來潮往，唯一不變的是大海。我們的國家，還有國家的權力與榮耀，這些在上帝的面前何異於螞蟻，何異於蜂群；何異於牛腳輕輕一踏便足以踩死無數的螞蟻，何異於注定要庸庸碌碌、汲汲營營於辛勤採蜜的蜂群。

——鐵血宰相　俾斯麥（Otto von Bismark）

早上十點，飯店裡，遮蔭的陽台上，氣溫仍高達三十度。我跟孩子正在享用早餐。望出去，矗立眼前的是雅典衛城，史上最著名的軍事要塞。立於衛城中央的是帕德嫩神廟，雅典人為感謝雅典娜女神所建的廟宇，因為女神曾力助雅典人抵禦波斯帝國入侵。波斯乃當時的軍事強權，地位堪比今天的超級核武強國。波斯皇帝原本認為，以他裝備精良的超級軍隊，要殲滅雅典肯定易如反掌，簡單得就像拿起蒼蠅拍打死一隻礙眼的蒼蠅。沒想到史上兩場最教人嘖嘖稱奇的戰役，馬拉松戰役和薩拉米斯戰役，卻徹底扭轉了歷史的走向與發展。這就像世界盃足球賽，超級強隊德國和一向疲弱的列支敦斯登國家代表隊在七比一的情況下，不被看好的列支敦斯登隊竟然逆轉勝了一樣。雅典當時地處窮鄉僻壤，雅典人卻勇敢又富冒險精神，無論心理或生理上都充滿昂揚鬥志，在成功抵禦波斯帝國後，更一步步晉升為地中海超級強權，終至深刻影響人類發展至今。

陽台上，老婆大人早就不見蹤影，因為好好的一個家庭旅行，她完全沒興趣頂著烈日跟我穿梭在古蹟的斷垣殘壁中，有時甚至還得像趕鴨子般在雅典古蹟的核心區域內急行軍。除此之外，她正在氣頭上，因為昨晚我被一個朋友——報社的駐外記者保羅．蘭茨海默（Paul Ronzheimer）——拉去見識雅典的夜生活。我留老婆獨自面對扮演起搖滾巨星、把飯店房間搞得一踏糊塗的孩子們。

我的孩子正值青春期，他們對飯店豐盛的自助早餐的熱中程度遠勝於古蹟。只見小兒子鏟了一大盤炒蛋和培根，旁邊更疊了高高一座麵包塔——這樣的高熱量，絕對夠三打斯巴德達戰士歡天喜地的享用上一個禮拜。女兒則是一小時以來都在拚命連上飯店的無線區域網路，可惜怎麼連就是連不上。女兒乃貨真價實的文藝美少女，努力連線的目的在於：她得趕緊上傳照片，好向數位世界裡的一眾粉絲證明自己正身處古蹟之中。Instagram有一項功能是按地圖看照片，你上傳的照片會以小方格的方式出現在一幅小小的世界地圖上，許多人藉此標榜自己的遊歷之處。女兒這次要把Instagram的小小旗幟插在雅典上，上頭出現的照片則是聳立在蔚藍天空中的白色帕德嫩神廟，而助她拍出如此絕妙照片的應用程式當然是Hipstamatic，鏡頭是John S，底片則是此鏡頭的最佳拍檔Ina's 1969膠卷。

為什麼我不放過我親愛的家人？為什麼我不讓他們就這麼遠遠的飽覽美景？為什麼不讓他們邊舔著冰淇淋，邊在購物大街普拉卡區（Plaka）悠閒逛街？世界文明到底與我們何干？眼前的這些文明遺跡，到底跟我們有什麼關係？總歸一句話：人類究竟為什麼會把自己看得如此重要？為什麼非得把自己的過去變成歷史，一代代的傳下去？

活在當下，這樣不是比較聰明？頻頻回首過往到底能為我們帶來什麼？這些問題的答案其實只有一個：「回顧」是我們唯一能辦到的。以物理學的角度來看，「此刻」、「當下」、「現在」都是既掌握不住又無法證明的瞬間。世上的一切稍縱即逝，事物在我們看見它的時候，其實早就過去了。舉例來說，我在看見身邊的這個玻璃杯時，其實已經晚了好幾分之幾秒，延遲的原因在於影像出現在我的視網膜上需要一些時間。再舉個例子：夜裡當我們仰望星空，肉眼看見的星星大概有六千多顆。被我們看見的每道星光，雖然是現在才抵達地球，但其實都已經過了非常、非常久的時間。光源的位置距離我們越遠，我們看見的那道光就越古老。據說，最古老的一道光誕生於宇宙大爆炸時，並以光速旅行了一百三十億年才能抵達地球。

有段時間，人類的興趣完全聚焦在自己身上，並且一副理所當然的模樣。其實，在距今沒有很久以前，人還一直堅信我們居住的地球乃宇宙的中心。在距離雅典不遠的另一座古城德爾菲（Delphi），曾豎立過一塊標誌著世界中心點的石碑。但如今我們已知地球甚至不是我們這個渺小太陽系的中心點。就我們的銀河系而言，我們的太陽系跟其他無數的太陽系一樣，都只能算是地處邊陲，而且是非常不起眼的邊陲。宇宙中除了我們這個銀河系之外，還有其他數以千億個星系。地球在宇宙中的重要性就像：一望無際的非洲草原上的龐大象群中，某隻大象尾巴上的一隻跳蚤口器上的分泌物中的一枚小細菌。想像一下，倘若這隻微不足道的生物也像人類一樣，鄭重其事的硬把時間耗費在記載何時何地誰和誰發生了衝突、誰又取得了政權，那不是很可笑嗎？縱使地球明天就消失，浩瀚宇宙中或許根本不會有任何一個「誰」發現，這個被我們稱為「銀河」的如霧星系，將如宇宙中其他無數星系一樣，完全不為所動的繼續運行下去。

不過，這樣的想法會不會有可能大錯特錯？會不會宇宙存在，其實正是因為我們存在，是因為我們受到了光照，是因為我們看見了宇宙，因為我們接收、感知到這個宇宙的存在？倘若沒有人，沒有人類能感知、接收這一切，我們所知道的這一切還能以這樣的方式真實存在嗎？

好吧，就讓我們先安下心來這麼想：地球的確是顆不同凡響且獨一無二的星球。但縱使這樣，也不代表宇宙的一切就該自動聚焦於「人類」這個地球上的後生晚輩。一般的歷史書很喜歡這麼描述，最常見的句子就是：「然後，人類就出現了。」這些書寫得就像人類的出現乃神造萬物，或生物演化（根據不同理論有不同說法）最後的大結局；這些書說得就像人類乃創世計畫裡最輝煌的完結篇，人類生來就是要成為世界的主宰。

但是，本書要探討的正是「人類」此一奇特物種，以及此物種何以能在一瞬間——簡直可以說從他出現在地球上的那一刻起——便將整個地球納入轄區。如果我們想了解此一奇特物種，就得先花點時間認識一下遠古智人。這麼做確有其必要，理由很簡單：因為你我仍是那個遠古智人。人類已經存在地球數十萬年，但過去幾千年來，人類的文化幾乎沒有替人類帶來任何值得一提的改變；換言之，我們幾乎不需要，也因此沒有機會去改變自己，以適應人類為自己創造出來的環境。至少從十五萬年前開始，我們就一直是我們目前的樣子。我們的外在特徵跟遠古的祖先幾乎沒有差別，其實連大腦功能都相差無幾。甚至有人認為，我們的祖先還比我們聰明，因為為求生存，他們的腦袋得處理成千上萬則訊息，既要儲存又要分析，不像現代人常無聊到得不斷滑手機查看最新天氣狀況，或猛玩CandyCrush打發時間。

人類大約從一萬二千年前開始，才漸漸脫離打獵和採集的遷徙生活。我們在這段相對來講相當短的時間裡，不但開始耕種、收成，後來更發展出機關單位和行政流程、銀行的房屋貸款，甚至開始日復一日的按照行程過日子。現代人的生活方式讓你我自恃「現代」，但其實只要稍微做個簡單實驗，我們就能立即看清我們的身體其實跟住在洞穴裡、獵捕猛獁象的原始人相差無幾。這個實驗是：泡熱水澡。當浴缸裡的水漸漸變冷，我們的皮膚就會起雞皮疙瘩。這樣的生理反應源自於我們的老祖宗：他們的體毛比我們長很多，當他們感覺冷，毛髮會自動豎起，並藉此形成一層暖空氣來禦寒。

如果你家裡沒有大浴缸，那麼你可以做另一項實驗：朝一張擺滿食物的桌子走過去。自從我知道人類祖先大多得極為辛苦的靠採集和打獵來取得食物後，我就明白何以我每次經過飯店的自助早餐區都無法全身而退。經過早餐區之前，我根本不餓，因為在家時，我早上從來都不會覺得餓。但經過萬年之後，對像我一樣的人類而言，取得任何食物都值得令人欣喜若狂，所以一看到食物，我腦中的神經元就會自動狂喜得宛如雷電交加，並導致我不得不走過去裝滿一盤又一盤的食物。

其實，對歷史有興趣就是對自身有興趣。人類熱中探討歷史，唯一的原因就是為求自我探討。我希望藉由本書讓讀者看見從人類觀點出發，並且以人類所創造出來的文化為背景來探討歷史，確實有其必要性。

世界史最前面的數百萬年，距離浴缸和飯店自助餐真的太過遙遠了，所以我決定跳過，只聚焦在距離現在比較近的這幾十個數千年，也就是大約從西元前一萬年起的這段歷史，這時人類開始了定居生活。不過在這麼做之前，我要先提出一項嚴正聲明，亦即破除一項大家習以為常的價值判斷。根據傳統史書的寫法，發生在大約一萬二千年前的農業革命乃人類躍升為世界中心的起點，人類創造的文明就此揭開序幕。但傳統史書總是從人類對抗自然的那一刻切入，這樣的觀點雖普遍，但在理所當然的接受這樣的觀點前，其實應該先聲明這種主張其實非常大膽。因為此觀點無異於主張：唯有當人類不再是自然的產物而是文明的產物，不再是大自然的一部分而是大自然的征服者，歷史才值得被閱讀和探究。

當然，要寫人類史也可以從十五萬年前開始寫起，主張這麼寫的人認為，無論就深度或廣度而言，這才是記述人類歷史最恰當的範圍。在這種橫跨十五萬年的史書中，距離現在最近的這一萬二千年，也就是農業革命之後的時間將落在最後，並且三言兩語就說完了，但這樣的內容簡直像一段可憐兮兮的後記，通常旨在說明人類如何剝削和摧殘養育了無數代人類的大自然。這不是本書所要採取的立場。

雖然我打算劃定的歷史範圍是近一萬二千年，但我自覺有義務且必須立場公正的先向讀者聲明：將世界史聚焦於人類定居及建立文明之後的這段時間，此作法其實隱含了某種價值判斷。就像我們在提及世界時，常不加思索的脫口而出「我們的」世界、「我們的」環境，這句「我們的」其實也隱含了某種價值判斷。雖然我也即將跟大家一樣，在接下來的世界史中不把人類視為自然的一部分，而是獨立於自然之外的一種存在，甚至是自然的主宰，但至少我希望藉此聲明提醒讀者此作法隱含的價值判斷。

歷史書大多聚焦於農業革命後的一萬二千年，除了上述原因外，還有一項庸俗卻實際的理由。這理由其實非常簡單：萬事萬物，只要在時間和空間上距離我們越近，就越有利於進行觀察，也越容易取得詳細的研究資料。此外，要探討農業革命前的歷史還有一項困難：我們對人類進入定居生活前的事所知甚少，因為當時並未留下文字紀錄。獵人和採集者顯然不愛寫字。其實，書寫是一種極為現代的發明，一直要等到城市興起後才漸漸普遍。

人類在過去一萬二千年來所成就的進步與發展，確實值得我們仔細研究，因為那真的是一段值得記載的輝煌歷史。人類在這段時間裡以極驚人的速度向前發展。一開始，我們只是生物鏈中介於綿羊和獅子間的一種動物；今天，人類已經能從外太空發送推特訊息回地球，甚至為了醫學所需、為了測試新藥而利用人造神經元打造出小型迷你腦，並且開始操縱基因，研發超級人工智慧。

其實，真要說世界史的話，它一共長達四十五億年。在這漫漫的歷史長河中，大概三百萬年前才出現了會使用工具的人猿。至於在生物特徵上與我們相同的人類則出現在十五萬年前，但人類從七萬年前起才開始變成會思考、會擬訂計畫的人。面對四十五億年的世界史，七萬年的人類史短得像一眨眼。從人類懂得劈開石頭，到現代人建立北大西洋公約組織，發展出Google，打造出機器人和自駕車，這一段人類的發展史相較於完整的世界史，真的非常短暫。如果說世界史是一部一百分鐘的電影，那麼人類的發展史甚至占不到千分之一秒，但在這段微不足道的時間裡，卻發生了無數對我們而言意義非凡的事。

寫歷史，讓我的「業餘」特性剛好派上用場，並且發揮最大效用：我是一名記者，這樣的訓練讓我有別於專家學者，能為讀者呈現獨特的閱讀優勢。舉例來講，閱讀尼采時你會發現，作者的學識過於淵博且鑽研過深時很可能會導致這樣的結果：一股腦兒丟出太多東西，造成讀者有太多訊息得知道、得理解，並且有太多前因後果得釐清和掌握。換言之，過於龐大的資料常導致讀者消化不良，最後只能讀得頭昏腦脹、亂七八糟，甚至不知所云。有別於此，記者的訓練讓我敢於篩選資料，刪除不必要的龐雜細節，只聚焦於核心內容（至少是我認同的核心內容），亦即聚焦於人類史。有鑑於史料的數量實在過於龐大，這種大膽的作法確有其必要。唯有這種業餘者的簡化，才能讓讀者有機會掌握住整體歷史的梗概。

在此，我要援引既是傑出記者又是知名文化哲學家的奧地利作家埃貢・弗里德爾（Egon Friedell）對業餘者的真知灼見。遇到有人用「業餘」抨擊他時，弗里德爾從不覺得受辱，其實恰恰相反。根據奧地利記者弗里德里希・托貝格（Friedrich Torberg）的報導，在弗里德爾執筆的一齣舞台劇公演後，維也納有家報社很不客氣的做出批評：「維也納再也不想見到這個整天醉醺醺的慕尼黑業餘作家！」弗里德爾讀完評論，立刻寫信給報社的編輯部：「我不否認我的確三不五時會暢飲兩杯。至於業餘這兩個字，坦白講，我一點也不認為它具有負面意思。業餘代表的是，做這件事的人是因為真正熱愛這件事才會去做它。但汙衊我是慕尼黑人，貴社必須為「慕尼黑」這三個字付出法律代價！」除此之外，弗里德爾更曾在寫給奧地利導演馬克思・萊哈特（Max Reinhardt）的信中提到，人類所有的活動，唯有當從事者是業餘的，才能真正展現出豐沛的生命力。「唯有業餘者——大家稱他們為愛好者或玩家，這樣的稱呼真是沒錯——唯有他們能與人類所從事的活動建立起真正人性化的關係。」

此外，簡化乃書寫歷史唯一可行的辦法。即便是對歷史進行最嚴謹的學術研究，只要是撰寫歷史就是在做「整理」的簡化工作。所謂的「整理」就脫不了分門別類、理解、詮釋、排定順序，和建立脈絡。說穿了，學術研究就是一種整理。倘若不這麼做，只是把資料和資訊通通擺出來，既不統整也不理出脈絡，那麼就只能算是端出了一盤大雜燴。不管是誰，只要說出「某人在某段時間統治過某個地方」，便無可避免的進行了歸類、整理，和簡化。

財務數學家及《黑天鵝效應》（這本書算得上是目前最具影響力的暢銷書之一）的作者納西姆・尼可拉斯・塔雷伯（Nassim Nicholas Taleb），稱這種非對事物做出整理不可的行為為「柏拉圖式思想」。但正是這樣的歸類和理出脈絡，讓人類得以升格為具有思考能力的物種。會「思考」代表了：腦中形成了各種連結。資訊之間的關聯性越強，越井然有序，越少例外，就越足以形成模式，也就越容易被我們記住，越有利於流傳，有利於被記載於書中。

塔雷伯認為，人們要的總是可掌握性、明確性、一目了然，和吸引人，甚至浪漫。可惜我們天生不太擅長抽象思考，所以問題就來了：我們常會犯下一項思考錯誤，忽略了整理和歸類永遠只能在事後。所以，我們常會在事後理所當然的說：這件事或那件事當然會發生，法國大革命、第一次世界大戰當然會爆發，因為那時候這件事或那件事是怎樣又怎樣……但是，事情發生的當時，怎麼就沒有人看出端倪、看出苗頭？二〇〇一年九月十一日後，大概每個人都能對伊斯蘭恐怖組織的恐攻現象解釋得頭頭是道，但退回九月十日大概沒有半個人能料到會發生這樣的事。這就讓我想到，站在今天的立場，我們根本無從預料後代子孫會對我們做出怎樣的論斷。

總之，歷史並不是一門描述客觀事實的科學。有時候，童話的真實性甚至比夾滿證據的檔案夾來得高。無論是描述人類偷嘗禁果的亞當和夏娃的故事，還是描述人類渴望戰勝最不可抗拒之自然法則「死亡」的巴比倫史詩《吉爾伽美什》（*Gilgamesch*），都是再真實不過的歷史。也許，歷史最重要的部分並非學術正確性，而是療癒功能。人類撰寫歷史最主要的目的或許在於撫慰人心。我們很清楚自己的生命是有限的，但透過歷史的書寫，我們或許就能為自己打造出一種綿延不絕的生命感。

我此刻身處雅典，劇場正是雅典人的發明。劇場最主要的功能與目的就在：透過戲劇表演讓我們獲得自我觀察的機會。人類的渴望、人類的陰暗面，都可以被活生生的反映在舞台上，但觀看戲劇卻同時能讓我們跟自己拉開距離，以一種更安全的方式來觀看。這其實無異於一場集體的自我療癒。

歷史無法成為客觀的科學，另一項原因在於：史書的內容總是和「誰在哪裡寫」息息相關。換言之，作者、地點、選材，這些因素都大大影響了歷史書籍的內容。所有的思考都涉及描述，歷史永遠是某個人在描述歷史。不過，歷史書的這項特徵，剛好讓我有權旁徵博引流傳已久的神話或故事，因為即便是在最嚴謹的學術領域，這些神話和故事也早已根深柢固的成為歷史的一部分了。倘若幾年後，有個剛果人在剛果的首都金夏沙（目前全球發展最快速的城市之一）寫了一本世界史，或五百年前在喜馬拉雅山的木斯塘王國（Mustang）裡有個佛教徒寫了一冊世界史，他們倆的版本絕對會跟我這個養尊處優的白皮膚歐洲人在雅典用筆電寫出來的版本截然不同。

不過，我唯一能有的當然就是自己的觀點。就像即便我明知「歐洲人」這樣的說法大有問題，我還是只能用這樣的詞彙來自稱。其實，所謂的歐洲並非指地理上的某片大陸，而是一個概念，一個由生活在這裡的人共同編織了二千年的概念。從地理上來看，歐洲充其量只能算是被我們稱為亞洲的那整塊大陸向外延伸的最後一小片土地；就地理上來看，歐洲根本算不上是一個獨立而完整的洲。但不可諱言，生活在這一小片土地上的人，卻徹底改變了地球上所有人的生活。所以，就目前的情況來看，以歐洲人的觀點來書寫歷史，不僅是大家能接受的，有時甚至有其必要。就像墨西哥製片、曾以《鳥人》和《神鬼獵人》兩片榮獲奧斯卡金像獎導演獎的阿利安卓・崗札雷・伊納利圖（Alejandro Gonzalez Inarritu）說的：「其實，骨子裡一切都跟白種人與其他有色人種、與大自然、與動物、與生命的互動有關。」但歐洲人以外、地球上的其他超級文明呢？為什麼中國人發現澳洲時並沒有想要占領澳洲？相反的，為什麼歐洲人一發現美洲就想據為己有？為什麼強盛的馬雅帝國沒有將勢力擴張到歐洲，或至少擴張到南美？這些問題都需要一一釐清。

我打算怎麼寫這冊世界史？親愛的讀者，你又希望在這本歷史書裡讀到些什麼？德國哲學家卡爾．雅斯培（Karl Jaspers）將人類歷史劃分為四大階段。雅斯培認為，人類一共為自己開創出四次全新的發展基礎。第一個階段指語言和工具的出現。第二個階段指人類不再依賴打獵和採集維生，而是開始建屋定居、播種耕耘，並且建立大型帝國。第三個階段則是從西元前一千年開始，雅斯培給這個階段取了一個很好聽的名字「軸心時代」（Achsenzeit），人類精神在此時期蓬勃發展，哲學思想與各種觀念百家爭鳴，世界各地紛紛創立了宗教。至於第四個階段，也就是我們現在所處的這個時代，雅斯培稱之為「技術和科學的時代」。就像所有的分類一樣，這樣的劃分其實也沒什麼道理可言，卻非常好用。我決定沿用雅斯培的劃分法——這樣的井然有序讓我更覺得自己是個「智人」了。此外，我還會在每一章的最後為讀者整理出那一章的Top 10名單。這下子輸我了吧，雅斯培！

一開始，我會先幫大家迅速翻過四十五億年的世界史，接著考慮到現代讀者生活步調都極為繁忙快速，所以我決定將這本書分為十章，每一章都從一個特定的角度（主題）切入，並藉由那個主題來完整的綜觀一次世界史。首先登場的是人類史上最牽一髮動全局的重大事件，接著是細數從古至今的世界之都興亡史，然後是歷史上的英雄，影響人類至巨的偉大觀念和理想，之後介紹藝術巨作，然後是為人類歷史創造新局的種種發明。接下來的內容更有趣了，我將細數人類史上的大壞蛋，還有足以改變世界的偉大名言。至於本書的最後，很抱歉，不可免俗的我們還是要來談談世界末日。但別慌，我將借鏡歷史，保證讓你讀到令人意想不到的驚喜內容！

看完這本書，想必各位讀者將發現許多歷史上的重要名字、事件，和日期都沒有被網羅進我的這本歷史書中，因為我要寫的並非歷史教科書。這本書裡不會羅列每場戰役和革命的日期，也不會將歷代君主的名字逐一排出列表。其實，我根本不相信現代讀者真的會對西元前四〇〇〇年的雅典生活細節，或西元一〇〇年時羅馬人的困擾感興趣。歷史真正迷人的地方在於能以古鑑今，換言之，古希臘人遇到的問題對如今的我們有何意義？還有當時人解決問題的方法和答案，對現在的你我有何啟發？古希臘哲學家暨歷史學家修昔底德（Thukydides）曾一針見血的說過：歷史其實就是以實際案例加以演繹的哲學課。所以，敬請期待本書為你精心挑選、能讓我們以古鑑今的歷史案例，而非一本羅列詳盡資料的教材或工具書。

另外還有一點也要聲明：讀者在這本書裡應該找不到任何我個人獨創的見解，換言之，這本書裡沒有任何原創思想。曾經讀過史賓諾莎和馬克思之原創歷史觀的讀者想必清楚我在講什麼，因為那種原創思想一不小心就會聽起來像江湖術士的天花亂墜。對馬克思而言，人只要能掙脫枷鎖，世間的一切就全都沒問題了。對史賓諾沙而言，文明就像有賞味期的水果，時間到了就一定會腐爛。史賓諾莎認為文明從興起到腐敗，期限大約一千年，一千年後一定會衰敗。換言之，所有一切就是一場宿命的過程。所以，我以自己沒有要舉出什麼驚世駭俗的原創歷史觀而自豪。有關人類的許多重要思想，在我之前已經有無數先哲探討過無數次，況且我們的世界已經歷史悠久到，數千年來已有無數偉大人物活過及殫精竭力的思考過，所以能說的新觀點其實已經少之又少。最後這項「很難再有新觀點」的觀點，乃是我個人的獨到見解，但且慢——後來我發現此觀點也早就有人提出過，那就是大文豪歌德。所以，這觀點也不能算是我的個人觀點囉？一如古騰堡計畫（Project Gutenberg）[1]的種種互相支援，在寫這本書的時候，我同樣非常願意做一個「站在巨人肩上的侏儒」，而且我覺得這樣很有意義。

我曾參考過哪些人的學說和著作，這部分請詳見本書最後的參考書目。但在這裡，我想先列出一些讓我受益良多的學者。在遠古史方面，我要特別感謝德國歷史學家詹・阿斯曼（Jan Assmann），古希臘羅馬史則主要受惠於英國史學家莫塞斯・芬利爵士（Sir Moses Finley），至於古希臘羅馬晚期的資料則是參考普林斯頓大學教授彼得・布朗（Peter Brown）的著作。關於中世紀史的部分，則要感謝於二〇一四年以九十高齡過世的法國中世紀史權威雅克・勒高夫（Jacques Le Goff）教授。此外，我還參考了柏林最負盛名之文化史和精神史學家亞歷山大・德曼特（Alexander Demandt）的著作，甚至親炙了他在大學裡教授的課程。另外像諾伯特・伊里亞德（Norbert Elias）、卡爾・雅斯培、卡爾・波普爾（Karl Popper），或以賽亞・伯林（Isaiah Berlin）的著作也都是我參考的重點，畢竟社會學家和哲學家其實都是最具觀點的歷史學家。伯林可說是當代最偉大的自由主義思想家，我有幸在他過世前造訪他在牛津大學的研究室，並且和他針對啟蒙運動和自由主義進行了一場激勵人心的辯論。

至於啟發我寫這本歷史書最關鍵的人物，則是我的好友——耶路撒冷希伯來大學的哈拉瑞（Yuval Harari）教授。沒有他的巨著《人類大歷史》（*Sapiens*），就不會有我的這冊拙著。二〇一四年秋天，我去拜訪他時，他剛剛完成《人類大歷史》續作。當時我們針對本書的內容有過許多討論，在此我要特別感謝他給予我無數珍貴的建議。

1 譯注：古騰堡計畫由志工參與，致力於將文化作品數位化和歸檔，並鼓勵創作和發行電子書。

第一章　梗概

迅速翻過四十五億年的世界史

炙熱的印度河和冰冷的阿拉斯河（Araxes）彼此交會，波斯人暢飲著源自易北河和萊茵河的水，海之女神重新布局了世界，極北之境圖勒（Thule）再也不是地表最外緣的邊界。

——古羅馬哲學家塞內卡（Seneca, 4 B.C.-65 A.D.）根據遠古傳說對地理所做的描述

沒有人知道這一切是怎麼開始的，歷史之初一句話足以說完：反正就是「在那之前」。但接下來的事就清楚了，大約在一百三十億年前，有個極小的迷你宇宙以極大的能量爆炸開來，星體向外射開形成一個猶如不斷向外膨脹的氣球。空間、光，和時間應運而生。至今沒有人能解釋，大爆炸（大霹靂）為何會發生，但我們卻可以藉持續向外擴張的宇宙和星體，來觀察和解讀大爆炸的現象和它的發生時間。

讓我們快速的跳過這段有點可怕的大爆炸過程，以及地球生成的漫長歷史。宇宙爆炸並開始膨脹的過程中，因引力而產生了星雲與星球。我們的太陽，一顆極為渺小的恆星，誕生於大約五十五億年前，至於我們所居住的行星，亦即周而復始繞著太陽運轉的地球，則比太陽年輕了大約十億年。有好長一段時間，地球的環境堪稱惡劣：四十多億年前，整顆地球都是滾燙的，之後在長達三十五億年的歲月裡（占地球歷史最長的一部分），我們的行星就像一碗濃稠的菌藻湯（史稱「菌藻時代」）。在那漫長的三十五億年裡，地球的環境堪稱一成不變，當時如果有電視，大概沒有人會對千篇一律的夜間新聞感興趣……

但是，大約五億年前奇怪的事發生了：許多生命陸續出現，也就是所謂的寒武紀大爆發。以我們今天的立場來看，這些生物的出現，時間之短、速度之快委實驚人：地表植物、硬殼動物、最早的魚、兩棲類、昆蟲，以及後來的爬蟲類和鳥類相繼出現。一時間萬物生長，欣欣向榮，地球在極短的時間內出現了前所未有的生物多樣性。之後，地球陸續受到小行星和彗星撞擊，導致某些動植物死亡，卻也為其他物種提供了有利的生存空間。

讓我們繼續快轉歷史：時光飛逝，接下來的四億九千七百萬年就這麼過去了。大約三百萬年前突然又有有趣的事發生，一個異乎尋常的物種出現了。某些古猿雖然也跟其他古猿一樣，與食蟲目的樹鼩系出同源，卻開始出現有別於其他古猿的奇怪行為：牠們挺直腰桿，開始直立行走，雙手因此空了出來。就像地球上演化出各種不同的狗和鳥，人猿也開始演化，在超過二百萬年的時間裡，地球上存在著各式各樣不同亞種的人（*Homo*）。尼安德塔人（*Homo neanderthalensis*）出現在歐洲和西亞；梭羅人（*Homo soloensis*）和遲至一萬二千年前才滅絕、身材矮小、在通俗小說裡常被稱作「哈比人」的佛羅勒斯人（*Homo floresiensis*）則出現在亞洲。

至於技術的進化，從三百萬前到距今七萬年前這麼長的一段時間裡幾乎陷入膠著。第一把石斧出現後數百萬年，仍不見石斧2.0版問世。總之，整個地球沒有出現賈伯斯之流的開創者。接著又過了很久，就像剛才提到的，大約七萬年前，在人類諸多的亞種中突然有一種人，亦即東非智人（*Homo sapiens*），大腦內部連結的方式忽然有了長足的進步；智人的某種演化缺點（生出早產兒）反而促進了他的溝通能力。此外，智人也不再只是隨機撿取環境中的石頭當工具，而是開始有目的的製作工具。人類的組織能力和技術能力開始突飛猛進。我們不但會說話、繪畫，和遊戲，甚至開始從事交易。人類成了「會思考的人」。認知革命就此揭開序幕。但那個時期的人類數量仍非常之少。頻繁的天災，例如火山爆發，讓人類的數量在七萬年前萎縮到不到一萬人。這代表我們曾經幾乎滅絕；我們所有人的血緣其實非常的近。就遺傳基因來看，無論是英國女王、墨西哥毒梟「矮子」古茲曼，或貓王艾維斯．普里斯萊，跟正在閱讀本書的您，都是血緣關係極近的一家子！

到了大約一萬二千年前，人類更做出了一項簡直可說自有人類以來最偉大的事：定居。我們不再只是靠打獵和採集維生，而是開始耕種、收成，並且停留在固定的地方生活。那些古老且各自獨立的定居文明，很可能彼此間時有衝突，且會互相征戰。定居形態的生活不斷持續，因為這樣的生活方式不但有利於人口增加，還能提供更多的糧食，並減少體力與能量的消耗。但隨著人口增加，為了有足夠的食物，人類被迫持續增加農作物的產量。從這一刻起，人類社會似乎再也沒有回頭路了。

之後，人類發展迅速，快到簡直可說是迅雷不及掩耳。有了財產的人開始會計算，會書寫。定居也讓人類有了必須捍衛的故鄉。防範未然和擬定計畫成了必須，因為有太多東西要看顧，要照料，要捍衛：為保護自身安全也為了禦敵，人類開始築牆、挖溝，各式武器也應運而生。另外還得推選出首領，組織眾人作戰。為因應人口持續增加，糧食儲備必須充足，但糧食要充足與氣候息息相關。於是集結眾人糧食的統治階級出現了，自稱能預測旱災的祭司也登場了。金屬的使用則讓人類分工越來越細，各種社會階級漸漸形成；然而，這一切全得仰仗組織能力。人類開始建立城市、發動戰爭，甚至進一步建立國家，乃至大型帝國，並逐步發展出灌溉渠道、齒輪、中央暖氣、微波爐、股份有限公司、智慧型手機，以及心律調整器。

農業革命之後，超級強權陸續登場。傳統上，大家第一個想到的一定是蘇美人和亞述人，然後就是鼎鼎大名的巴比倫帝國，一提到巴比倫少不了要繪聲繪影的提及當時的廟妓（或稱聖妓）制度，以及那些令人充滿遐想的習俗。接著登場的便是民族大遷徙：亞洲草原的游牧民族和中歐東部各民族的南侵，掀起了一波波民族大遷徙。接著，歷史學家的目光落到了波斯人身上，然後又聚焦到埃及，緊接著轉到中國和印度，最後則是希臘和羅馬。這樣的歷史的確有趣，但這種歷史所描述的，終究只是地球上某個角落的某支游牧民族打敗了另一支游牧民族，某個文明消滅了另一個文明。

與其不厭其煩的細數這一次次的征戰，還不如探討一下原本各自孤立的文明何以會在這麼短的時間內，以這麼快的速度互相連結成網，連結成一個密不可分的世界。西元前十三世紀，美索不達米亞的統治者還能心安理得的自稱為「四方霸主」，因為他根本不知道這世上還有中國皇帝。同樣的，不管是美索不達米亞的亞述王或中國的皇帝，都不知道馬雅帝國的存在。文明間的陌生程度，就有如各自生活在不同的星球上。

但西元前四世紀，亞歷山大大帝開始建立希臘式城市，並且從地中海一路延伸至印度。耶穌誕生的那年（西元元年），世界各地不同國家、不同文化的人已經頻繁接觸了。羅馬皇帝尼祿曾派遣遠征隊尋找尼羅河源頭，耶穌十二門徒之一多馬（Thomas）曾遠赴印度傳教。之後，阿拉伯人統治了整個地中海區域，回教徒建立了多元文化的世界帝國。第一個千禧年快結束時，猶太人、基督徒、維京人和中國人已經在各大陸間從事跨洲際的貿易了。

十二、十三世紀，十字軍東征後，東西方的交流往來更加頻繁，據說教皇曾寫信給當時統治中國的蒙古皇帝，請求他協助對抗回教徒。許多古希臘著作的譯本經阿拉伯地區傳往西歐，充滿世界觀的大學、跨國法律，和世界級貿易大城紛紛興起。所以，「反全球化」真可說是現代用語中最愚蠢的一個詞，因為它就像「反植物生長」一樣不切實際。全球連結成網的過程，其實早從兩千年前就開始了，只是我們現在將它稱作「全球化」，而且全球化的發展速度有越來越快、越來越全面性、越來越銳不可擋之勢。二十世紀德國最著名的法學家，甚至有「希特勒御用學者」之稱的卡爾．施密特（Carl Schmitt）是個極具爭議的人物，他的許多著作和文章都為人詬病，但他有一冊小書卻寫得款款動人、充滿洞見：《陸地與海洋》（*Land und Meer*）。這本書是他在第二次世界大戰期間為女兒阿尼瑪（Anima）所撰，旨在帶領女兒認識這個遼闊的世界。施密特認為，人類歷史無異於一部克服空間限制的奮鬥史。

根據施密特的說法，人類最偉大的一次「空間革命」（此乃施密特原創的用語）就是突破大海的限制。一開始，人類只是沿著海岸線發展，後來終究還是揚帆出海，航向了未知的世界。施密特在書中提到，維京人、捕鯨者和海盜是最早勇於出海冒險的人，到了十五、十六世紀，他們所開發的航海路線開始由國家以較科學且武力部屬精良的方式經營，各國船隊逐鹿於世界各地的海洋上。美洲殖民、世界貿易，和建立全球性帝國的時代於焉來臨。英國女皇伊莉莎白一世時期的冒險家華特・雷利爵士（Sir Walter Raleigh）說得一針見血：「誰控制了海洋，就等於控制了世界貿易；誰控制了世界貿易，就等於贏得了全世界的寶藏，實際上也就是贏得了全世界。」

施密特為空間革命進行的歸類教人激賞，因為他揭櫫的正是全球化的現象，他幾乎可說是最先看出這種趨勢的人。海權時代讓英國成為世上最強大的海上霸主，之後隨著機器的發明，英國再次成為世上最強大的工業國家。一七七〇年，第一台功能完善的蒸汽機在英國問世；一七八六年，能大幅提升織布效能的水力織布機同樣出現在英國；一八〇四年，第一台蒸汽火車頭於英國測試成功；一八二五年，蒸汽火車終於可以載人。十九世紀中期，大英帝國已然成為全球性的超級帝國。後來成為英國首相的迪斯雷利（Disraeli）在他一八四七年出版的小說《唐克列德，或者新十字軍》（*Tancred oder der neue Kreuzzug*）中，曾幻想英國女王將首都從倫敦遷至印度德里。當時許多英國公司，例如東印度公司，規模之大甚至超越今天的Google。這些英國公司不但擁有自己的軍隊，甚至能決定要不要開戰或談和。十九世紀末、二十世紀初，美國漸漸脫離殖民宗主國英國的牽制和影響，甚至取而代之成了主導國際局勢的世界新強權。

一八三五年至一九一〇年間，隨著電報、無線電、收音機、電視陸續問世，施密特的全球化觀點獲得更進一步的落實，人類再次克服了無數空間限制：一八五〇年，第一條連結歐洲與美國的海底電纜鋪設完成；一八六六年，西門子公司製造出全球第一台發電機；一九〇三年，萊特兄弟設計並製造出第一架動力飛行器。一九一三年，軍用戰鬥機已經問世；不到十年，德國飛機製造商容克斯（Junkers）便在德紹（Dessau）打造出多人座客機；一九三一年，泛美航空公司開啟第一次長途客機飛行（從美國邁阿密飛往阿根廷布宜諾斯艾利斯）。一九六九年，電腦第一次連線和傳輸資料成功以及登月成功，更是讓人類徹底終結空間限制。今天，我們若想跟地球另一端的人互動，既不必坐船也不必搭飛機，只要滑鼠一按就能搞定——這麼輕輕一按，甚至能發射人造衛星上太空。整個世界真的合而為一了。曾經，住在不同山谷的人、隸屬不同族群的人，各有專屬的獨特文化，世上因此出現各式各樣的算術、建築方法，和埋葬亡者的方式。但今天許多宗教都是全球性的（嚴格來講，那些席捲全球、承諾能拯救全人類的學說也算宗教，例如鼓吹民主的自由主義），而且不管是哪一國人，必要時都得使用同一套計算系統，世界各地的建築也都大同小異。

世界上已經快找不到沒被全球化浪潮席捲的地方了。促使這張天羅地網形成的背後動力到底是什麼？首要原因當然是貿易。還有統治。還有宗教。從某個部族的人不再認為鄰近部族信什麼宗教與他們無關開始，歷史便開啟了新頁。這件事發生於大約西元前一千年。某項因素大幅加快了全球化速度：科學。過去的征服者，無論是波斯人或蒙古人，雖也熱中於兼併其他民族和部落，但是他們的目的通常只在掠奪財富，即便他們也有天文學家和數學家。但新時代的征服者，來自歐洲的征服者，在文化上與東方強權有著極大分野，他們具備了「以此謀彼」的能力，也就是以科學服務貿易和戰爭、以貿易服務宗教——當然，有時候也會反過來。十六、十七世紀的航海家不只肩負獲取經濟利益和擴張帝國勢力的任務，通常還背負著科學和宗教的使命。當時，「遠征」代表的通常不只是出兵，還包括知識探索與傳教，所以遠征隊的船上幾乎都能見到學者和傳教士。

急於擴張勢力的基督教結合了科學與貿易的力量，此三者為歐洲征服世界提供了最佳條件。如果有人硬要探討貿易、宗教和科學，到底何者才是歐洲致勝的關鍵因素，那麼只是在浪費時間，因為真正發揮關鍵作用的是三者的交互作用與相輔相成。三者所展現的能量極為強大，並成就了歐洲強權殖民美洲、史上第一座天文台、地球儀、幾近正確的世界地圖、郵政系統、腕錶、教堂鐘塔、書籍印製、火藥等。但槍械製造技術的進步也讓原本的戰爭變成了戰爭機器，讓原本的士兵變成了人力資源。印刷機械的發明帶來了知識爆炸，各種思想蓬勃發展；活字印刷術的問世取代了傳統抄寫，讓單字和句子的組合變得無比方便和靈活，有利於各種正反思想的傳播。

大量製造的時代於焉來臨，資本主義思想隨之發軔。印刷術促進了思想的傳播與解放，甚至進一步推動了宗教改革，馬丁．路德和喀爾文賦予了世界秩序全新的觀點。他們宣揚財富並不可恥、不罪惡，但這麼一來《聖經》那段「有錢人要成為上帝國的子民，比駱駝穿過針眼還要困難！」的敘述恐怕要重新詮釋了。路德和喀爾文認為財富可以被視為一種上帝的恩寵。一個全新的階級於是誕生；在經濟上獲得成功的這批人開始致力於確保自己的優勢，確保自己永遠不會墜入地獄。為了向上帝證明自己的虔誠，新教徒將財富投資在企業上，而非揮霍在自己身上。企業日益壯大，規模甚至逐漸大到形成了商業帝國。

其實，即便是信奉天主教的地區，或某些宣揚苦行及禁欲的地區，也都受到資本主義影響。奢侈品成了推動經濟發展的重要因素，並促使新的階級產生，手工業者、學有專精者，以及各種專家，他們的社會地位持續提升。但這些人的竄起漸漸威脅到日漸失勢的舊社會菁英，後來甚至導致原本的上流社會得向富有的新興階級融資（借貸）。一七八九年的法國大革命，更讓從事商業活動的中產階級攀上權力高峰。此時，被剝削的勞工階級尚未崛起，工人起義又等了大約一百年才發生，因為新的統治階級對工人之權利和自由的剝削實在太過分了（欲知詳情請閱讀英國作家狄更斯的小說）。

資本主義最重要的推手，也可說是將全球真正連成一張網的關鍵因素，就是歐洲所發展出來的金融體系。拜此金融體系所賜，向銀行借錢再也不是擁有龐大資產之地主的特權，沒有土地、勤奮又很多點子的老百姓也可以向銀行融資了。有利於歐洲資本主義興起的另一項因素是：法律的約束力。雖然中東和遠東也有很多富人、精品手工業者和商人，但只有歐洲從很久以前就存在著類似司法保障的制度。需要法律約束力的原因是，在歐洲這片狹小的土地上，為了讓不同族群和不同民族的人和睦相處，法律乃不可或缺。中東和亞洲的各種文化雖有較大的生存空間，彼此的衝突也沒那麼激烈，但它們常得服膺於一個極為強悍的最高權力，所以要確保自己的財富不被肆意掠奪相對困難。但歐洲的傳統剛好相反，歐洲的統治者直到不久前還是得受教會牽制，或者反過來，教會受統治者的牽制。總之，歐洲各勢力，尤其是皇室和教會，總是處於角力的狀態中，完善的法律制度因此不可或缺。

遠從十三世紀開始，歐洲商人就已經受惠於法律。為保障金融交易的合法與可靠，各種規定因應而生，無論是通行證、關稅，或種種監管市場的制度，皆有利於發展城市和大型商行。時至今日，有錢人要投資也總是優先考慮瑞士，而非伊拉克、中國或蘇俄，因為眾所周知，在獨裁政權的統治下，無論人權或財富都很難受到保障。有錢的中國財主、俄國大亨，和阿拉伯富豪，寧願把錢存到日內瓦湖畔，買倫敦主教大道上的豪宅，也不願意把錢放在或投資在國內。

歐洲就像一台改造地球的機器。自從歐洲人將勢力擴張至美洲後，地球已經被歐洲人打造成一座地球村：世界各地的機場、飯店、大型超市，如今幾乎全長得一模一樣。寰宇一家的結果就是世界似乎變小了，但與此同時人類卻又急速擴張了；換言之，近數百年來人類的數量已大幅增加。西元元年，世界人口大約三億。一七〇〇年，工業時代之初，人類的數量已增加超過兩倍，到了一九〇〇年再次翻倍為大約十六億。從一九七〇年到二〇一六年，更是從三十七億人倍增為七十四億。倘若醫學持續以如此驚人的速度進步，地球真的會變得太過擁擠。畢竟每個人都得吃飯，都要使用能源，都想看電視，都希望天冷有暖氣、天熱有空調。如今，我們的地球儼然就像垃圾場和購物中心的聚集地。地球上有許多地方的天然資源，例如飲用水，已嚴重不足。情況或許真像雅斯培所說：「人類的進步，根據歷史發展來看，一言以蔽之，就是場災難（……）。所有構成歷史的因素，終將導致人類毀滅；歷史呈現的，或許就像一場壯觀的煙火秀，不過是個毀滅的過程。」

但莫忘樂觀面還是存在的。人類的平均壽命確實提高了，並且是創紀錄的高。人類戰勝了許多疾病，新生兒的死亡率也變得史無前例的低。單就卡路里的攝取量來講，如今全球公民的生活品質就明顯比二千年前、一千年前，甚至一百年前都好很多。雖說全球目前仍有八億人生活在極度貧窮中，每天所能支配的金錢甚至不到一．二五美元，但跟一九九〇年比，如今的貧窮人口已下降一半；相反的，有工作的中產階級卻足足成長了三倍，當然，這主要得歸功於中國和印度的經濟起飛。生活在德國的人們則變得更富裕了。

一千年前，倘若有某個部族對鄰族發動戰爭，甚至進行大規模屠殺，其實都算不上駭人聽聞。五百年前縱使世上某個角落曾發生種族滅絕事件，大多數人其實也無從得知。但換作今天，情況可就大相逕庭了：若有某個獨裁者發動種族滅絕戰爭，當晚全球新聞肯定都在播報這則駭人事件，位於海牙的國際法庭更不會坐視不管。十八世紀，英國小偷被抓是要吊死的。類似的情況也發生在歌德任職的威瑪公國（Weimarer Republik），當時如果搭馬車逛街，肯定會經過好幾處懸掛著死人的刑台。一百年前，一個國家入侵另一個國家其實是很普通的事，換作今天則已經引爆國際危機了。如今，因戰爭死亡的人數達到史無前例的低。我們每晚都可以安穩入眠，完全不必擔心鄰村的人會來偷襲——至少在德國這片土地上是如此，許多難民前仆後繼要逃來德國，為的也是要獲得安全無虞的生活。其實跟過去的許多時代相比，地球上絕大多數的地方如今都享有史無前例的和平與安定。

至於「進步」這件事，簡單來講，主要可以歸納為兩大結論。其一：一直以來，人類的發明總能順利幫助人類度過難關。每當面臨存亡關頭，人類總能發展出既驚人又傑出的科技創新，所以面對下一波危機，我們實在沒理由杞人憂天。如果地球真的已經太擠，誰曉得，或許不久之後，我們就真的能開始移民太空了，地點也許是火星，也許是其他星球。不過，相反的論點則認為：人類的進步終將導致自我毀滅。這就像大家耳熟能詳的「火雞理論」所寓言的那樣。按照美國人的習俗，全家人在感恩節要聚在一起享用火雞大餐。那些被飼養的火雞總以為自己的生活是美好的，因為每天都能被餵得飽飽的。火雞據此經驗推論出人類是真心實意的對牠好，希望牠過得幸福快樂。人類和藹的態度和持之以恆的餵養，讓火雞的安全感與日俱增。感恩節的前一天，火雞的安全感終於達到最高峰，殊不知……

第二章　歷史上的「大霹靂」時刻

重大事件總要等到事後（或遲了）才能看懂！

> 我這輩子還沒遇到任何值得一提的意外。我在海上航行了這麼多年，也就見過一次船難。但我從沒遇過沉船事件，更沒見過嚴重到足以釀成災難的海上危機。
>
> ——鐵達尼號船長　愛德華．約翰．史密斯（Edward John Smith）

身為重度新聞消費者，我們已經習慣隨時隨地掌握新聞，絕不能漏失重大消息！可惜，驚天動地的歷史事件，真正發生時根本沒有現場直播。面對歷史，我們只能事後拼湊線索；換言之，拼湊所有的資料和時間點，甚至年代，然後終於發現：所有資料其實只具象徵意義，因為事件的發生通常是潛移默化的，那些資料只不過是讓我們能事後諸葛的去合理化和解釋事件何以發生。

比方說，我們會這樣形容法國大革命：「一七八九年七月十四日，民眾攻陷巴士底監獄。」接著，我們的腦海便會浮現革命分子激烈抗爭和拚命揮舞三色旗的畫面。但事實上，那天監獄裡只有六、七個犯人，其中一名叫作索拉格伯爵（Graf Solage），因妨害風化而入獄。另一個是瘋子，他留著長長的白鬍鬚，堅稱自己是凱撒大帝。在這個想像中應該非常混亂而戲劇化的日子裡，法王路易十六一早就像平常那樣，醒來後先去教堂禱告，然後享受了一頓豐盛的早餐，一天過去後，晚上他在日記上寫下：「啥也沒有。」這其實是指那天他打獵一無所獲。

文化史上最重要的轉折「農業革命」，乃經歷了上百代人才逐漸完成。人類之所以能成為現今的人類，至關重要的「認知革命」同樣是花了數萬年才底定，但以今天的立場回顧，彷彿一切都是突然發生，而且是謎一樣的突然。歷史總寫得好像我們能一眼看出「大霹靂時刻」何時來臨，看出加速劇變的關鍵動力為何，但其實這是因為我們跟那些事件之間存在著必要的時間距離，距離讓我們得以看清來龍去脈。但面對眼前的問題，例如氣候變遷，我們要克服的心理障礙和挑戰可就沒那麼簡單了。德國波茨坦氣候影響研究所所長，也是全球最具權威的氣候變遷專家宣胡博（Hans Joachim Schellnhuber）就曾說過：「氣候變遷的過程，就像是用超級慢動作來播放小行星撞地球的畫面。」人類的防衛機制因此發揮不了作用；我們的大腦結構顯然對潛移默化的事沒什麼警覺性，也不善於處理這類事情。相反的，我們卻常能以極為驚人的偉大發明，來因應驟然降臨的災難。所以我們更該記取歷史經驗和教訓，把發生過的重大事件牢記於心。接下來，讓我們一起來細數歷史上的「大霹靂」事件。

認知革命

每本人類史一開始幾乎都會介紹認知革命，因為人之所以為人從這裡開始。但有一點必須提醒：有個問題對於認知革命至關重要，但這個問題卻從來沒有答案。這個問題就是：為什麼會那麼剛好是人變成了人？這聽起來荒謬，卻是最重要的核心問題。

許多人認為，西方的 mensch（人）這個字源自於拉丁文的 mens，而這個字的意思包含了記憶、理解，和思考。思考能力讓人類得以不再局限於眼前所見，而是能藉由語言對事物進行抽象討論，甚至進一步遵守共同的規則和擬定計畫。人類之所以能有意識的做到這一切，其實全拜腦內的某個神經連結所賜。但這樣的連結也可能發生在其他人猿身上，或甚至別的物種身上。

或者讓我們再問一句：這樣的腦神經連結何以只發生在智人身上，而非比方說尼安德塔人身上？還有，為什麼螞蟻和黑猩猩沒有發展出這種思考能力？更讓人覺得驚訝和不可思議的是，許多動物所具備的輔助能力（例如翅膀）都是跨物種的，但為什麼只有智人具備思考能力，只有智人獨受大自然眷顧，獨受演化青睞？我們可能永遠回答不了「為什麼」，但有關「如何」的問題目前已經有了解釋：一切當然又是跟「性」有關。

人類大腦在大約七萬年前到四萬年前這一整段時間裡到底發生了什麼變化，對科學家而言其實仍是個謎。我們只知道在將近二百萬年的時間裡，人猿在技術和社會能力上幾乎處於停滯狀態，但突然有一種人猿——也就是我們——展現出非凡的創造力，從此技術創新開始突飛猛進。有些專家認為這一切或許跟大腦基因突變有關，是基因突變引爆了這一連串的驚人發展。如今，有些人甚至能清楚解釋，人類大腦當時到底發生了什麼事。我等一下會再談到這部分，但在此之前，為了有助正確理解，我想再次強調：發生在地球上的歷史，其實都無異於一部記錄「連結成網」的歷史。我們的腦袋就像一個小宇宙，對這個宇宙而言，網路的形成和連結影響至巨，因為唯有聰明的人能聯想，能掌握關聯性。

人腦的運作方式其實很像電腦，可劃分為許多各自獨自且功能各異的區域。例如，腦中的某一區可能專司社交能力，我們藉此判斷衝著我們笑的人到底是不懷好意或非常友善，另一區則專門負責製造工具，或儲存大自然的知識。人類因此得以判斷天氣好壞，或分辨某一種動物對我們是危險或無害的。這些能力原本各自獨立演化了數萬年，但突然在七萬年前到四萬年前的這段時間裡（就演化史的觀點來看，其實時間非常短），大腦各區域不再只是互不相干的各司其職，而是開始產生連結。接著好戲開鑼：各種組織和溝通能力迅速演化，人類不再只製作自己要用的那把石斧，而是開始懂得設立石斧工坊，製作出來的石斧也越漸複雜和精細。團體中也出現了責任和分工的現象，之後更發展出社會階級。裝飾品和繪畫跟著出現，更重要的是——還有音樂！

為什麼大腦各區域不一開始就互相連結？電腦工程師肯定覺得這問題很好回答。若想打造出複雜的電腦軟體，不能一開始就用強大的功能和連結，以免電腦硬體負荷過重。起初只能先寫個簡單的基本架構，讓程式跑跑看，然後再像堆積木一樣，慢慢把各種更複雜的任務加上去。當各個功能獨立的模組運作穩定後，然後（其實就是最後）再讓它們連結起來，並形成網路。

不過，其中最關鍵和最有趣的，當屬社會知識和自然知識結合起來的那一刻。根據演化生物學的觀點，促使這項結合發生的應該是女性。智人女性很可能對男性發出了這樣的訊息：「如果你獵隻熊回來，今晚就讓你睡到我身邊！」於是，男性腦中的社交中樞和行動中樞開始互相連結。男性逐漸理解到，優秀的狩獵能力能為他帶來有利的社交優勢，於是兩個互不相干的大腦區域的獨立性就此被打破——為了被選中，為了爭取優勢，它們互相結合了。

科學家不再稱大腦網路形成之後的人類為智人，而是晚期智人（*Homo sapiens sapiens*）。

大腦網路之所以能形成，另一個要感謝的因素就是人類特有的細膩語言。動物雖然也能藉聲音示警，甚至能根據不同的威脅發出不同的叫聲，但只有人類（一如哈拉瑞在他的《人類大歷史》中精闢分析的那樣）不但能對夥伴說「小心，有獅子！」，還能在牆上畫獅子，並且說出「獅子是我們部落的守護神」。換言之，唯有人類可以藉語言建構屬於自己的事實；人類可以互相跟對方描述自己看見的東西，可以向別人敘述過去，甚至述說未來。人類會談論別人的事，而且只有人類有辦法集合眾人進行大規模的合作，制定大家得一起遵守的規則，甚至是眾人信服（或被迫信服）的法律。另外，人類還建立了城市和帝國，乃至後來的大型企業和集團。

認知革命發生後，人類歷史才真正揭開了序幕。在此之前，人類不過是動物王國裡較具天分的一種動物。從七萬年前的認知革命到西元前一萬二千年的農業革命，這一整段時間大概是人類歷史上最長的一個階段，也可能是人類發展上成就最大的一個階段，但許多歷史書都只用短短幾句話就帶過這段至少五萬六千年的時間（在本書中所占的篇幅也不大）。這是因為就歐洲人的觀點而言，歷史真正的起點其實得從人類定居算起，之後人類才發展出文明，甚至建立了帝國。

農業革命

農業革命是人類躍升為世界主宰的起點。靠獵捕野獸和採集莓果、堅果維生，並因此常要遷徙的人類，原本只是地球上無足輕重的小配角。但是，當人類開始定居並捲起袖子當農夫，便一躍成為世界的主角。的確，當人類成功破解大自然的祕密，開始操縱自然，並藉此讓糧食不虞匱乏，甚至生產超過所需時，從這一刻起，一部人類的興起史便揭開了序幕。

難怪許多偉大的史書都言之鑿鑿的視農業革命為人類挑戰神權的開端。亞當和夏娃不再肯安分守己的當神的造物，而是想自己當造物者，他們要自己主宰生死，自己決定善惡。現在起，獅子不再只是令人畏懼的敵人，而是會威脅到作物的入侵者，必須趕盡殺絕。哪些穀類、哪些作物該生長在土地上，哪片森林和哪片草地該被夷平和剷除，現在起全由人類做主。

《聖經》裡該隱和亞伯的故事，可謂歷史劇中描述人類從游牧生活過渡到農業文明最赤裸裸的篇章。亞伯是牧羊人，該隱是農夫（〈創世紀〉第四章第二節）。生活形態不同的兩人，最後誰存活了下來，還有是怎麼存活下來的，《聖經》裡已經描述得很清楚。比較有趣的是，該隱和亞伯的這則故事竟完全以牧羊人亞伯的立場來描述這段歷史、這個世界，和誰是受害者。歷史可說是人類對自身經歷的一種解釋，內容常涉及人類在發展或擴張過程中對傳統文化所做的抗爭、排擠，甚至毀壞。所以，從游牧民族舊有的文化和觀點來看新形態的人類行為，確實既奇怪又殘忍，唯有將它解釋為神的詛咒，才能讓一切變得合理。

被「逐出伊甸園」後，也就是我們所謂的農業革命之後，人類不再靠神的恩賜獲得食物。人類開始自己耕種，多餘的糧食則儲存下來。食物變得不再那麼匱乏，但事與願違的是，生活卻變得更加辛苦。定居和食物的增加導致人口跟著增長，於是產能也必須跟著提升。悠閒過活的日子就此成為絕響。

新石器時代的這場革命真是充滿矛盾，而且是悲劇性的矛盾：農業革命讓人類的生活條件獲得顯著改善，卻也讓人類生活從此墜入永無休止的辛勤中。雪上加霜的是，人類的身體構造本來就不是用來挑大量的水和從事笨重的農務。除此之外，農業社會還意味著：有越來越多張嘴得餵飽。農業帶來了人口急速膨脹，因此眾人得擠在狹窄的空間裡，一起承受病菌感染和傳染病肆虐的風險。

農業革命讓農產較豐的人成了具有優勢的人，並喚起人類的野心和貪婪。穀物囤積量的多寡，將人類劃分為供給方的富有階級和需求方的普羅大眾。此外，若小農想把自己的穀物存放在農產較豐之富農的穀倉裡，就得付出代價，也就是得付錢。除此之外，農業還推動了技術進步。農業社會讓厲害的發明家再也不必為了食物外出打獵，現在起他們可以專心致力發揮所長：為農民製造他們所需的工具，為領導者製造武器和精美的裝飾品。

希臘經濟學家及前財政部長，同時也是反歐盟優先的重要倡議者雅尼斯・瓦魯法克斯（Yanis Varoufakis）曾語重心長的說，事實證明人類歷史上的兩次重大變——農業革命和工業革命——都讓人類栽了個大觔斗。人類原本寄望藉由這兩次變革，生活可以變得較為輕鬆，但不管是前者或後者都讓人類淪為了舒適生活的悲慘奴隸。農業革命導致人類必須守著農地拚命耕種，工業革命更讓人類的處境像喜劇泰斗卓別林在電影《摩登時代》裡所闡述的那樣，被捲進了巨大機器，並夾在眾多的齒輪間。

雖然抱持此看法的人是經濟弱勢的希臘前財長瓦魯法克斯（詳見他二〇一五出版的著作《改變的時機》〔*Time for Change*〕），但他說得還真是沒錯。我們反駁得了他嗎？現代人難道沒有活得很「不自然」？我們難道沒有正在持續摧殘自己的身體（還有靈魂）？我們的確就像被困在一張由責任和強迫構成的網中不是嗎？

德國社會學家伊里亞斯畢生致力於研究文明的進程，他曾以人類互相依賴的程度來界定文明的程度；在一個社會中，我們的生活跟其他人的生活如果交織得越緊密，文明的程度就越高。從某個時間點開始，早期農業社會裡的人再也離不開農業社會，原因或許是耽於安逸，但最主要還是因為人已經成為團體中的一分子，而且這個團體的成員關係緊密、深深的互相依賴，得遵守共同的責任、義務、規則，和風俗習慣。

雖然後來證明農業社會的生活形態同樣很累人，但人類並未放棄繼續走這條路，因為這個陷阱已經悄悄的把人困住了——瞧，這再次證明了大霹靂事件經常是靜靜發生的。一切就像是按計畫進行：原本採集野生小麥的人類開始嘗試自己種植小麥。不過，整個過渡期其實非常漫長，漫長到人類根本無從察覺自己正在改變。一開始從事耕種的人少之又少，耕種的面積也很小，隨著時間過去，耕種的人和面積持續增加，但隨之而來的是孩子的數量也增加了。幾代之後，漸漸的再也沒有人知道人類不種麥子之前的生活是怎麼過的。

一三六四年，史上第一座鐘樓在德國奧格斯堡（Augsburg）落成——塔上大鐘每到整點就會響起——當時誰會想到重視時間有朝一日會因行程滿檔而變成一種壓力、一種束縛，和一種無法自主的象徵呢？人類第一次把手機拿在手上時，手機還是如假包換的奢侈品，但如今……

據說，有些文明在經歷了進步與發展後，決定來一次U形迴轉，重新過回從前的生活方式。很久以前在今天的美國西南部，出現過一個所謂的霍霍坎文化（Hohokam-Kultur）：印第安人在哥倫布抵達美洲前早已生活在這裡，他們懂得挖溝渠、引水灌溉，已發展出高度農業化和商業化的社會。但後來，傳說他們突然決定放棄所有先進的工具和生活方式，重新……然後就從地表上消失了。在美國原住民的語言裡，「霍霍坎」的意思是「無聲無息的消失者」。

不過，以上或許就只是一則傳說，因為人類一旦踏上農業革命的路就回不了頭了。人類的生存策略一直就是戰勝自然、馴服自然。除了把這條路繼續走下去，我們似乎沒有別的選擇。這跟人類的天性有關。人類的天性讓我們只能一直追求進步下去，直到有一天終於成為絕對的主宰者，或者終於把人類所有的問題通通解決光了。但真有這麼一天嗎？

此外，這些也算大事

說到對人類發展具關鍵影響的重大事件時，肯定不會把讓人類之所以成為人類的認知革命和導致人類文明出現的農業革命，與其他史上的重大征戰、發現及天災等相提並論，因為認知革命和農業革命簡直像是所有事情的根源與注解。在認知革命與農業革命發生後出現的一切，無論是啟蒙時代的知識爆炸，或各種機器的發明，或登陸月球，或人類基因解碼，乃至基改人、生化人……全都可說是這兩次革命的後續發展。但儘管如此，這些影響至巨的事情還是值得我們迅速瀏覽一遍，因為藉由敘述歷史，我們將清楚看見：唯有藉著回顧，才有機會釐清這些事何以重大。

發生在西元第一個一千年間的民族大遷徙，就是這樣的一個大事件，不僅讓歐洲各民族產生大規模接觸，更導致歐洲版圖重新洗牌：野蠻的日耳曼人因接觸到羅馬人而變成懂得穿羅馬長袍、會講拉丁文、知道躺進舒適絨布沙發椅上慵懶享受的優雅人士，甚至受頒古羅馬貴族頭銜。日耳曼貴族出現，並且開始建立早期的國家。

發生在西元第一個一千年間的事，奠定了爾後乃至今天整個歐洲的發展。如今的歐洲國家，其實皆可溯源至這個形成於西元五〇〇年至一〇〇〇年間的雛形，但現在鮮少有人注意或提及這點。一般認為，西羅馬帝國滅亡的時間是西元四七六年。在西羅馬帝國最後一任皇帝下台的那一天，當時的新聞也做了立即插播，而快報的標題是「羅慕路斯．奧古斯都（Romulus Augustus）遭到罷黜」？想必沒有。那一切的發生應該是緩慢的、潛移默化的，幾乎不為人所察覺的。過程中也許稍微引發民怨，因為羅馬人最喜歡的公共浴池的品質和服務似乎大不如前了，且深受大眾喜愛的娛樂活動（把人丟到競技場上跟野獸格鬥）也不再那麼常舉辦了，但整體而言，西羅馬帝國滅亡這件歷史大事並沒有對當時的人造成太大衝擊。

然而，也不是每一件歷史大事都像西羅馬帝國滅亡一樣令人無感，比如發生於十四世紀的黑死病就讓歐洲人幾乎死了三分之二。這場巨變肯定人人感受深刻，但黑死病所帶來的關鍵影響依舊得透過「後見之明」才能釐清。這場浩劫讓所有人突然面對死亡，因此對歐洲人造成極大的心理衝擊。但也不是只有負面衝擊，因為黑死病讓人深刻體會到在死亡之前人人平等，民主思想隨之發軔。當時還出現許多以死亡之舞為主題的畫作，內容極盡戲謔搞笑之能事：只見一具具農夫、乞丐，和貴族的骷髗並立，大家手挽著手一起跳舞。

另一個例子是：三十年戰爭。這同樣是件非常慘烈的歷史大事——當然，這又是回顧之後藉後知之明得出的結論——這是一場深具毀滅性的宗教戰爭，幾乎導致國家基礎、宗教信仰，和社會結構全面崩潰，必須全部重新來過。但會不會也因此才造就了後來的啟蒙運動？並且誘發了這樣的訴求：知識是屬於每一個人的，所有人都有權追求和了解關於這個世界的知識，並且可以有自己的意見和看法。

宗教戰爭雖帶來精神上的黑死病，卻也在大規模的毀滅後讓一個嶄新的、具現代精神的歐洲有機會就此誕生，並且在各領域，無論是藝術、科學，或技術上，皆開展出驚人的輝煌成就。歐洲及其殖民地能嶄露頭角，並躍升為全球化的推手和主宰者，過程其實非常弔詭：（藉由回顧會發現）災難與衝突經常是推動進步的加速器。中國在十五世紀時曾是全球最強大、最進步的國家，政局也最為穩定。阿拉伯帝國在中世紀時勢力也曾橫跨至歐洲，但就是沒有一股動力促使他們進一步成為統治全球的世界霸主，所以才會把機會拱手讓給了歐洲人。這部分若要細究，可能又得另闢專章探討。

本章回顧歷史上的大事，並快速的進行瀏覽，主要是想提醒讀者：越是重大的歷史事件，其影響越是深遠，所以要等到某一事件的結果真正呈現，往往需要很長的時間。加上許多革命的發生乃潛移默化，所以根本沒有確切的日期可言。

但即便如此，我還是要依循慣例，根據時間順序列出人類史上最重要的十件大事：

一、**認知革命**：發生在距今約七萬年至四萬年間。拜腦內網路形成之賜，人類開始會思考、會擬訂計畫、會言語，甚至具備化想像為事實的能力。晚期智人的活動範圍和分布範圍皆很廣，嚴重威脅到其他人種生存。

二、**被逐出伊甸園**：也就是我們熟知的農業革命，或稱之為新石器時代革命。這場革命大約開始於一萬二千年前，發韌地點約為現今中東。人類從此開始干預自然、操縱自然。為了儲存多餘的糧食，人類社會漸漸衍生出文字、算數，和交易行為。定居生活逐漸取代了游牧生活，爾後更進一步發展出城市和帝國。

三、**民族大遷徙**：西元第一個一千年期間，異族從歐亞大陸的邊緣入侵，造成歐洲民族大遷徙，各民族的居住地因此（也因為基督教和回教的傳播）重新洗牌。羅馬帝國的勢力也因此逐漸衰微，取而代之的是各王國的興起。現代歐洲的雛型漸現。

四、浩劫後歸零：黑死病肆虐（十四世紀和十五世紀），迫使重創後的歐洲必須重新開始。歐洲人死了至少半數，但令人驚訝的是，在經歷如此大規模的浩劫後，社會秩序與國家制度竟然沒有徹底崩潰。不過，歐洲人的世界觀當然改變了。

五、發現美洲新大陸：歐洲人開始向外擴張。從十五世紀開始，許多地方都被歐洲強權認定為無人統治的蠻荒之地，然後由教廷賦予歐洲人合法的統治權。歐洲強權的向外擴張，奠定了現代世界秩序的雛形。

六、科學革命：十七世紀是一個屬於自然科學、技術、啟蒙，與國際市場經濟崛起的時代。每一項新發明都對社會造成革命性衝擊，異域傳入的發明（例如火藥和造紙術）更在歐洲人的改良下品質更臻上層，並且開始進行工業化的大量生產。

七、法國大革命：這其實是一場中產階級（而非人民）對抗貴族的革命，可惜中產階級享受甜美果實（藉此革命所獲得之權力）的時間也不長。但一七八九年的這場革命卻引發了一連串後續效應，使得經濟、知識、技術，和精神層面通通發生重大變革，因此二百年後才會開始有人稱其為法國「大」革命。

八、工業革命：蒸汽機的實際應用始於一七六九年。經過短短一百年的時間，歐洲人（和曾是歐洲殖民地的美國）便把地球打造成一個全球一家的大型商業社會。

九、登陸月球：登月不過是列強向外擴張理所當然會邁出的一步。不過這件發生在一九六九年的世界大事，近年來有日益受到重視的傾向。

十、數位革命：一九六九年，阿波羅十一號登月時使用的電腦容量不過4KB。但現在任何煮蛋用的電子計時器的運算能力都比它強。科學家目前更致力於研發可自主學習和自主開發程式的電腦。這樣的電腦一旦問世將對人類社會帶來什麼樣的衝擊，目前仍難以評估。

第三章　下一個世界中心在哪裡？

論世界之都的興起與沒落

對於我要生活其中的城市，我的要求是：要有柏油路，街道要清洗得非常乾淨，家家戶戶的門要能上鎖，屋內要有暖氣、熱水，還要很熱鬧。那麼生活其中的我就能身心舒爽了。

——二十世紀奧地利著名作家　卡爾．克勞斯（Karl Kraus）

四千年前，兩河流域的阿卡德帝國（Akkad，大約位於今天的伊拉克）統治者曾意氣風發的自稱「四方霸主」。今天我們雖無法確知阿卡德帝國的大小，但一般認為大概就是比利時的一半吧！這就好比當今某個曼哈頓金融總裁，在他位於七十樓的辦公室裡俯瞰整個華爾街，也就是從頂樓睥睨他所主宰的這個世界時，肯定也會油然而生一股自己是世界中心、是震央的感覺。殊不知，他背後早有另一股勢力崛起，紐約早就不是牽動全局的世界中心，現在的震央已悄悄轉移到上海或卡達了。觀察世界之都的變化與遷移，有助於我們藉地理重鎮的轉變來釐清人類歷史的變化，換言之，各個文明的興起與沒落。

八千年前，在後來阿卡德人生活的地方應該已經有城市形成。一開始或許只是大型村莊，但時間一久，隨著分工越來越細、專業化程度越來越深，社會階級逐漸形成，城市規模和功能也隨之具備。直到今天，我們仍將幼發拉底河和底格里斯河之間狹長的肥沃區域稱為美索不達米亞（也就是所謂的「兩河流域」），六千年前這裡有一些城市互相結盟並形成所謂的蘇美文明。

當時無論是誰成了「世界的統治者」（其實就是美索不達米亞的統治者），基本上都統治不了幾代人，因為不久就會遭來自北方的游牧民族入侵。蘇美人之後統治過美索不達米亞的有庫提人、加喜特人、胡里特人、亞摩利人。此時期所發生的戰役，很可能是人類史上最殘酷的戰爭；楔形文字上瀰漫著濃濃的血腥味……。後來，亞摩利人建立了第一個世界之都巴比倫城。巴比倫後來又為亞述所取代，亞述帝國乃第一個建立系統化官僚體制、軍隊，和法庭的國家。當時，亞述首都尼尼微的地位，就好比今天的紐約。但亞述人的殘暴也是舉世聞名，除了以活人（其實是孩童）獻祭外，他們在西元前三千年已經懂得施行史達林在二十世紀曾效法過的一項戰略：將異族集體流放，並發配為奴。這顯然是控制異族的最佳方式。

但後來亞述帝國逐漸式微，並且被原本為他們所壓迫的民族迦勒底族打敗。迦勒底王國，亦稱新巴比倫王國，曾為世界史寫下極為輝煌的一頁，因為他們不僅發明了數學，更是天文學和計時的先驅，但他們也跟亞述人一樣非常殘暴。迦勒底王國最偉大的君主尼布甲尼撒（Nebuchadnezzar）曾攻陷一座非常有名的城市——耶路撒冷。尼布甲尼撒承襲了亞述人流放異族的傳統，在攻下耶路撒冷後幾乎俘虜了所有猶太人。

巴比倫城在當時肯定是五光十色又非常時髦的大都會，甚至可說是墮落之都的原型：這裡聚集了大量的商人、妓女、戰士、神職人員、公主和王子，不但人聲鼎沸、車水馬龍，更到處是商店、宮殿、祭壇，和廟宇。城裡同時上演著歡慶、交易，和獻祭等熱鬧非凡的事。巴比倫城穩坐世界之都寶座，大約有兩千年之久。當時的伊什塔爾城門和城牆上的老虎、怪獸，如今珍藏於柏林佩加蒙博物館。浪漫主義詩人海涅（Heinrich Heines）在他那首有關巴比倫最後君王的詩歌裡，將巴比倫王國和迦勒底一族最後如何走向淪亡說得一針見血（當夜伯沙撒／就被他的僕人給殺了）。如果不想讀海涅的詩，也可以看林布蘭的名畫〈伯沙撒的盛宴〉：燭光中突然憑空出現了手指，並在牆上用希伯來語寫下「彌尼，彌尼，提克勒，烏法珥新」。巴比倫哲士無人能解，唯有被虜來的猶太人但以理知曉其義：「王，你的死期到了！」

人類文明一次次登上世界舞台，隨之而來的當然是一次次的沒落與滅亡。即便中間有過略顯沉寂的時刻，但文明不曾中斷向前邁進的步伐。波斯帝國在巴比倫之後躍升為世界霸主。和世居兩河流域的民族相比，波斯人堪稱正直又宅心仁厚。波斯人統治巴比倫之後（西元前五三九年），釋放了被俘虜至巴比倫的以色列人，並且讓以色列人得以成就許多史蹟。文化水準很高的波斯人從很早開始就樂於跟異族城市和文化接觸，其中之一位便是地處西海岸邊陲的小亞細亞小城雅典。波斯帝國的統治範圍涵蓋了今天的伊朗、阿富汗、印度河平原，向西則擴張至如今的土耳其，向南延伸到尼羅河。「身上灑著香水、具高度文明的波斯人」[1]在征服這些地方後，不再認為有繼續擴張的必要。波斯人治理帝國的方法相當先進。他們雖然希望治各民族於一爐，卻不壓迫不同的文化，只要被他們征服的民族願意承認波斯這個外來的統治者，並且在必要時象徵性的向波斯帝國進貢即可。對波斯帝國而言，位處西方邊陲的希臘根本無足輕重，至少就地緣政治上來考量是如此。但縱使這樣，生為現代人的我們還是要來探討一下古希臘這個城邦國家。

雅典

這個在古代地處邊陲、與世界權力中心距離遙遠的希臘文明，到底有何特殊之處？西元前一千年，希臘這個地名第一次出現在史書上，當時巴比倫文明已經有三千年歷史，中國的朝代加起來也已經傳承五十位君王。對埃及和波斯這種當時的人帝國而言，雅典真的無異於地圖上的一顆小蒼蠅屎。但這顆蒼蠅屎卻值得我們好好探究，因為後來的西方文化幾乎可說全奠基於這個毫不起眼的地方，而此文化爾後更席捲及改變了全世界。如今征服全球的歐洲精神——不管此精神帶給世界的影響是好是壞——追根究柢來說就是雅典精神。雅典乃所有歐洲城市、西方城市，甚至可說是所有西方先進國家城市的最初原型。無怪乎西方城市總喜歡仿效雅典的建築風格，並因此衍生出「城市性」（Urbanität）這個名詞和概念。

所謂的城市性，指的其實就是雅典化。Urbanität這個字源自於拉丁文，但更正確的寫法其實應該是「Astynität」，因為羅馬人的「urbs／城市」概念其實承襲自希臘，而希臘人所謂的城市「Asty」絕非神廟或執政者的所在地，而是人們每天生活、嬉鬧、互相接觸和交流的地方——現今希臘人對城市的看法依舊如此。雅典人對鄉村和原野完全不感興趣。一則關於蘇格拉底的有趣軼聞就曾說到：某天有個朋友邀蘇格拉底去郊外踏青，一路上樹影搖曳，風光明媚，但蘇格拉底卻顯得悶悶不樂。朋友感到好奇，蘇格拉底這位典型的學者終於忍不住

1 作者注：引自阿富汗裔美國作家暨歷史學家塔米．安薩里的《中斷的天命：伊斯蘭觀點的世界史》（中文版由廣場文化出版），每個想了解中東地區的讀者都該好好拜讀這本傑作。

據實以告：「親愛的摯友，請原諒我。但我此刻求知若渴，原野和樹木根本教不了我任何東西，城裡的那些人卻能徹底滿足我的求知欲。」可憐的蘇格拉底，少了城市的人聲鼎沸就像掉了魂似的。這就是典型的雅典人。

雅典當然不是造就古希臘全盛時期的唯一城市，而是還有其他許多希臘城市。這些城市的共同特點是：大家都很熱愛競賽。無論是戲劇、辯論、遊戲、馬車，或其他任何一種運動，希臘人都要來場競賽。如今的奧斯卡金像獎、歌唱大賽、世界盃足球賽、超偶選拔、超模排名，以及風靡全球的時尚雜誌《Vogue》，也是同樣道理。想成為萬眾矚目的人、最漂亮的人、獲得最多掌聲和喝采的人，這種深植在我們文化中的渴望和需求，有很大一部分是源自希臘傳統。現代人想成為名人的癮頭，其實是非常希臘式的。在奧林匹克大賽中贏得冠軍的古希臘選手總是想盡辦法展現個人風采，想成為萬人迷，因為唯有如此才會被詩人歌頌並廣為流傳——換作今天，也就是成為YouTube上點閱率最高的人，才會被最多網友分享到各社群網站。

不過，當然不是所有人都能參與競賽，而是位居金字塔頂端的那些人。所謂的古希臘，其實是個專屬富人與俊男美女的社會。凝聚各希臘城邦的主要力量其實是虛榮心，各城市都想在運動場上贏過其他城市，不然就是想在藝術或政治上贏過別人。無論如何，希臘人在西元前五世紀的成就，真是輝煌得令人難以置信。除了古希臘外，人類史上幾乎沒有任何一個文化，能在這麼小的地方和這麼短的時間內，為人類創造和留下這麼多珍貴的智慧及文化遺產：舉凡哲學、科學、教育、文學、戲劇，和醫學無所不包。

歐洲人最遲從文藝復興時期開始，便或多或少的美化及理想化雅典了。到了近代，知名的普魯士藝術史家暨文藝理論家溫克爾曼（Johann Joachim Winckelmann）和威瑪公國的大人物歌德仍在助長此風。這是因為我們嚮往一種輕鬆自在、雍容大度的完美形象；另外當然也有可能是因為，我們總是無法或忘，基於史實我們只是一群來自森林的野蠻人，但南方的希臘人卻比我們文明且先進多了，所以我們才會慣於滿心虔誠的去美化雅典，甚至像德國知名記者約阿希姆·菲爾瑙（Joachim Fernau）那樣把雅典描述成一個「沒有人會滿頭大汗，沒有人會口出穢言」的人間仙境，全民都是線條優美、高高瘦瘦、面容姣好，並且整天只探究有知識、有水準之事物的俊男美女。但，這當然不是事實。

無論如何，雅典確實為世界帶來革命性的影響，此影響就是追根究柢的精神。雅典人最偉大的發明「哲學」，就是一門追問原因的科學。世界究竟為何？世界是由什麼構成的？人又是什麼？最先提出這些問題的也許並非全是雅典人，但在這之前，大家只會試圖用神話來回答這些問題。希臘人所揭櫫的知識革命之所以重要，原因就在他們對萬事萬物都要打破砂鍋問到底，換言之，他們為追求真理鍥而不捨。也因為如此，才會為人類帶來如此輝煌的科學、哲學、醫學，和藝術成就。希臘人孜孜不倦的就是要超越傳統、超越既有知識，而這也正是科學的本質。

古希臘史學家希羅多德曾說過這樣的故事：波斯國王大流士把有火葬過世家人習俗的希臘人叫到跟前，然後問對方在何種情況下會吃掉過世的父親。希臘人一聽立刻回答：任何情況下都不可能這麼做！這個問題根本不合理！大流士接著又把另一支傳統上會吃掉過世親人的印度民族卡拉提耶族（Kallatier）叫到跟前，並問對方在什麼情況下會焚燒親人遺體。卡拉提耶族人一聽震驚萬分的回答：絕不可能，這真是荒謬的問題！希羅多德希望藉此告訴古雅典的讀者：請尊重別人的風俗習慣，並且對自己的行為具有批判能力！文化衝擊，甚至是文化崩潰，都是能讓文化更加豐富的過程！二十世紀的哲學大師波普爾認為：唯有藉持續或經常性的衝突接觸以及不同文化的並存，才能產生既富批判性又兼具理性的態度，而古希臘正是以此聞名。這樣的古希臘精神至今仍深深影響著我們。

但希臘人和我們之間還是存在著根本差異：希臘人熱愛探究事物，但探究本身就是最終目的了。對古希臘人而言，知識是非常高貴的，智慧乃最高層級的財富。希臘人追求的是理解人類和大自然，而非把知識應用在實際生活上。古希臘人根本不關心「應用」這件事。

二十世紀最重要的古希臘歷史學家之一摩西・芬利（Moses I. Finley）就在他的書中寫道：「亞里斯多德和他的弟子提奧弗拉斯特（Theophrast）擁有豐富的畜牧及栽種知識，但無論是這兩位學者或是拜讀過他們著作的古希臘讀者，都沒想過要到田裡或羊圈中實際進行選種、育種工作。因為他們要的只是理解，只要他們自覺找到大自然的運作目的、作用，和最後原因，就會覺得自己的追求已經得到滿足。」

為什麼會這樣？這其實是因為自然科學和哲學乃屬於上流社會少數富人的純知識，動手做才是一般百姓與勞動者的事。就古希臘人的價值觀而言，實際從事或動手去做乃非常等而下之的事，是與思考截然不同的下等活兒。在雅典的社會裡，不管你是多麼厲害的名醫，或多麼受推崇的造船大師，只要是實際勞動者，社會地位就遠不及毫無作為的哲學家。純粹從事精神活動，賦予菁英分子高高在上的感覺。動手去做的人則是粗鄙的。如果讓我們寫一本有關古希臘的應用發明書，肯定比最不會煮菜的荷蘭人所寫的烹飪書還要薄。當時，社會完全不重視也不鼓勵實際操作的能力與生產力。總之，那正是典型的亞里斯多德式社會。後來，由早期基督徒漸漸形成所謂的手工業者階級後，在古希臘被瞧不起的製造業者與手工業者，才在世界舞台上逐漸占有一席之地。

希臘在經歷伯羅奔尼撒這場兄弟戰爭後，雅典（在短暫的輝煌時期後）便開始走下坡了。援引柏拉圖思想的獨裁者（柏拉圖一向鼓吹智者專政）開始大權在握。西元前四〇〇年前後，隨著雅典沒落，許多社會價值與結構跟著崩毀。在這場對抗斯巴達的戰爭中，希臘人的社會風氣與道德幾乎全面敗壞，甚至可說徹底淪喪。雪上加霜的是爆發了瘟疫，種種跡象看來這場瘟疫很有可能是黑死病。西元前四〇〇年之後的雅典不但性道德淪喪，還變得非常迷信，開始信奉神祕教派，並且縱欲狂歡，甚至藉信仰之名行集體強暴之實。雅典的威名及雅典菁英為希臘一手打造出來的精神世界，一個從騙術與無知中解放出來的世界，就此沒落。雅典這個理性之都再次充斥著非理性與迷信。繼起的社會菁英年輕且自覺高高在上，根本瞧不起一般的老百姓。若以今天的眼光來檢視雅典人的缺失，那麼關鍵就是菁英分子徹底缺乏社會責任與擔當。他們之所以會這樣，主要原因是精神上追求獨善其身（只管自己修養性），生理上追求享樂，處世總抱持著凡事與我無關的態度。

古希臘令人詬病的另一項道德缺失在於：連當時最偉大的思想家也不認為奴隸制度在道德上有瑕疵。任何一個亞里斯多德的信徒都會大言不慚的說：「許多人天生具有奴性，所以讓他們受命於人，讓主人為他們做出必要的道德決定，不但是基於自然，更是對他們最為有利的。」但現代的經濟學告訴我們，古希臘人的這種觀念與作法，受害最劇的其實是他們自己：奴隸制度讓原本有能力的人自外於生產，把時間全花在監督上，這讓原本具有生產潛力的自由民全然自絕於工作之外，導致工作成了一種沒有尊嚴的行為，並且被普遍的看不起。位居社會結構最頂端的人不工作，上行下效之餘形成了一群不工作的中間階級，這些人後來只能淪為可悲的無用之人。

亞歷山大大帝在喀羅尼亞戰役後，於西元前三三八年踏進雅典這個被他視為聖城的地方。亞歷山大雖然來自巴爾幹，受的卻是正規的希臘教育（由亞里斯多德親自授業），所以對年輕的亞歷山大而言，這片土地神聖無比。相反的，自恃文明的雅典人卻認為亞歷山大只是個野蠻人，他所帶領的軍隊也只是群由農夫和獵人組成的烏合之眾。其實，雅典當時早就輝煌不再，但雅典人卻依舊無可救藥的秉持著文人雅士的一貫傲慢。

羅馬

羅馬繼承了雅典後期對民主與大眾的鄙視。位於羅馬社會頂端的同樣是一群為數很少的菁英，但不同於雅典，廣大的群眾——羅馬農兵——卻是造就羅馬帝國的重要基石。羅馬帝國的農民在農暇之餘得到鄰鄉攻城掠地，後來更跨國遠征。戰勝後，農兵可以獲得土地作為獎賞，因此羅馬人非常樂於出征，為了爭取或捍衛財富，甚至好幾代人都積極的投入戰爭。由於作為戰力基礎的平民人數眾多，所以羅馬能分享到戰果的社會階層不像雅典那麼少，但即便如此，羅馬的貧富差距還是比雅典嚴重。羅馬窮人的生活明顯比雅典窮人悲慘。以羅馬的製陶工廠為例，那樣的工作環境和方式，以今天的標準來看絕對稱得上是恐怖的血汗工廠，甚至堪比刑房。

此外，羅馬人也是第一個使用混凝土蓋社區的民族。混凝土便宜又可迅速堆高，但也因此形成人口過度稠密的貧民窟，亦即惡名昭彰的「因蘇拉」（Insula）。如此醜陋的建築，雅典人光是基於美學因素就不屑蓋。羅馬一直視雅典為典範，一心想仿效雅典建築，最終卻搞得不倫不類。這就有點像如今的上海試圖仿效伯恩一樣。西元元年左右，羅馬城的規模至少已是雅典城的十倍。羅馬乃史上第一個擁有百萬居民的大城市。就各種規模來講，羅馬都是獨一無二的。直到十八世紀，古羅馬城都是有史以來世界最大城市的紀錄保持者。約莫西元元年，亦即羅馬皇帝奧古斯都在位時，羅馬的人口就已經超過一百萬，其擁擠程度絕非現代人所能設想。印度孟買如今每平方公里居住大約三萬人，而這樣的擁擠程度就足以讓孟買榮登全球人口密度最高城市的寶座，但在奧古斯都統治羅馬時，羅馬人口的密度卻是如今孟買的三倍多。

雖然羅馬也跟雅典一樣非常重視血統，但羅馬卻也是個充滿晉升機會的地方。羅馬的建城神話所揭櫫的，正是羅馬人典型的自我認知與形象。傳說中希臘人攻陷特洛伊時，羅馬人的祖先埃涅阿斯（Aeneas）躲過一劫並得以順利逃出，幾番周折終於逃到現在義大利的拉丁姆（Latium）。後來，建立羅馬城的雙胞胎兄弟羅慕路斯（Romulus）和雷穆斯（Remus）便是埃涅阿斯後代。羅慕路斯殺死弟弟雷穆斯後，成為羅馬第一任國王，並廣招強盜和罪犯為羅馬的子民。換言之，羅馬人的祖先全是些逃犯。

對講究傳統的雅典人而言，在雅典住得越久的人越高貴。但是對羅馬人而言，人最重要的特質是韌性，誰最能堅持到底，誰就最值得尊重。對羅馬人而言，一個人從何而來、是何出身，都是等而次之的事。此外，羅馬人最重視的就是廣場；羅馬人喜歡呼朋引伴到廣場上聚會，喜歡在那裡盡情發揮表現欲。羅馬廣場的作用就像今天的臉書，差別只在廣場是真實的地點。但廣場上也會出現許多意見領袖，他們會針砭時事，尤其喜歡嘲諷「說謊者和大騙子」以及「孌童和男妓」。被惹惱的政治人物甚至建議要把廣場地面換成又尖又刺的石板，好驅離那些喜歡在廣場流連忘返的遊手好閒者。但古羅馬詩人奧維德（Ovid）的看法就不同了，他盛讚羅馬廣場，因為在那兒可以看到美麗的姑娘。他甚至再三強調：行經廣場一定不能走得太快，要悠悠哉哉的慢慢晃。德文的散步「spazieren」一詞，想必是從拉丁文的閒晃「spatiare」衍生而來。

羅馬也是世上第一座繁華之都。雅典人很注重「適度」，所以凡事講究恰如其分，公開炫耀不是高尚的行為。但羅馬的當權者卻喜歡到處炫耀，到處展現雄偉、壯觀、震撼與驚人，因為他們想讓人民感受到，在帝國的威權與力量下，百姓是渺小的。羅馬除了有每天可以排放五十五噸廢水的完善下水道系統外，還建置了類似警察、消防隊的組織，以及郵務系統，並建有附設按摩服務的浴場（甚至可提供銷魂的極樂享受），以及三十幾座圖書館、無數劇院和神廟。當然，不可不提的還有舉世聞名、一次可容納五萬名觀眾的羅馬競技場。

羅馬帝國存在的時間相當長，若以今天的標準來看簡直不可思議。美國建國至今超過二百年，歷經近五十位總統，政權依舊維持穩定，這樣的成就已令人讚嘆。但相較起來，光是羅馬共和時期就持續了五百年（從西元前六世紀晚期，一直到西元前一世紀末），後來歷史學家將這一段時間評為「美好的時代」。羅馬帝國最初是由一群農民所組成的軍隊建立（王政時期），後來這些農民成了貴族並掌握實權（共和時期），後來又經歷了三百年的帝國時期。

至於羅馬帝國的沒落則是潛移默化的，時間拉得很長，不過從建築上的變化還是可以一窺端倪。帝國境內各城市的建築大多建於西元二〇〇年前，西元二五〇年之後幾乎見不到任何新的劇院或競技場。羅馬也許不像雅典那麼充滿人文氣息，卻非常重視實務。羅馬人在地中海區域、中歐和南歐所留下的街道網及各種公共建設，確實非常偉大。羅馬帝國將勢力深植於歐洲各地，到處都有羅馬的衛星城，例如下日耳曼尼亞（Germania inferior）行省的首府科隆（Köln）就是一例。科隆此地名的來源，可追溯到羅馬皇帝尼祿的母親阿格里皮娜（Agrippina）；如今科隆的地名就是從「克勞蒂亞・阿格里皮娜的殖民地」（Colonia Claudia Ara Agrippinensium）簡化而來。之後的羅馬帝國則有好幾個首都，例如拉文納和君士坦丁堡，並且有好幾位皇帝。至此，羅馬城的重要性已一落千丈。

羅馬為歐洲留下了無數古蹟（德國現今的法律制度，有一部分也源自於羅馬），而作為羅馬古城的科隆如今依舊存在。所以常有人說：羅馬帝國根本從未完全滅亡與消失，而是以各種方式繼續存在。古羅馬的最後一任皇帝名為羅慕路斯・奧古斯都（Romulus Augustulus），西元四七六年他被日耳曼將領奧多亞塞（Odoaker）罷黜時才十五歲。當時的羅馬帝國已經是個行政效率不彰、皇帝沒有實權的國家。奧多亞塞叛變後並沒有殺死小皇帝，而是將他流放到南部。奧古斯都堪稱「退休史」上第一個提早退休的案例；奧多亞塞不但為十五歲的小皇帝準備了退休金，還幫他和他的追隨者在那不勒斯灣安排了安享餘生的宅第。

美茵茲、哥多華、巴黎

古希臘、羅馬的城市與現代都市幾乎沒有交集。現今歐洲城市繼承的是中世紀城市的精髓。現代城市的雛形出現於上下交融的時代，亦即社會階層開始流動和彼此滲透的時代；許多下階層的人的社會地位開始提升。尤其手工業者的社會地位提升和商業行為的蓬勃發展，讓人與人之間的關係變得更加緊密、更加互相依賴。新形態的城市在古希臘羅馬時期結束後才得以形成。

就像前面說過的，城市建築從西元二五〇年起有發展趨緩、甚至停滯的現象。接下來，歐洲人要面對的是新的棘手難題，例如亞洲騎兵入侵，一開始日耳曼人只是依附於羅馬，希望獲得羅馬帝國庇護，後來卻想取而代之成為統治者。比羅馬人更顯滿臉鬍渣的日耳曼人崛起後，帶動了一波「鄉村化」。羅馬帝國統治期間，歐洲各地城市化的成果相當顯著，但隨著羅馬帝國沒落，人們漸漸回歸農村生活，貨幣經濟也隨之萎縮，馬路與渠道開始年久失修，建築也以木造取代石材。技術全面衰退。之後，慢慢的才又有一些手工業中心和貿易城出現，例如巴黎、漢斯（Reims），和美茵茲（Mainz）。崛起於九世紀和十世紀的城市，主要歸功於奴隸制度式微，以及手工業、商業日益興盛。從西元一〇〇〇年起，貿易城如雨後春筍般崛起，到了十二、十三世紀，長途貿易更是蓬勃發展。

單獨聚焦於這個時期的某個城市並不恰當，因為新時代的世界中心是多點分布，而非聚焦在某個統領一切的中央大城。此時的重要城市大多是中型的貿易城或會展城市，例如聖雷米（St. Remi）、根特（Gent），或比薩（Pisa）。但如果非要選出一個首屈一指的世界中心，就非哥多華莫屬。當時，哥多華擁有大約五十萬居民，在這個伊斯蘭教的首都（位於當時的安達魯斯〔al-Andalus〕境內，也就是今天的西班牙）中混居著各民族與各宗教的人。九世紀和十世紀以哥多華為中心的哈里發國（Kalifat）盛極一時，乃歐洲的文化與經濟中心。當時的權貴與富商如果生病總要赴哥多華求診，就像今天的國家元首或超級巨星總愛指定去全美排名第一的梅約醫學中心（Mayo Clinic）一樣。史上第一個跨國貿易組織同樣出現在哥多華，那就是拉特納猶太商會（die Radhaniten）。這批猶太商人的貿易網橫跨各洲。九世紀和十世紀時，猶太商人和中東基督教商人乃促進東西方交流的重要媒介。中東人對法蘭克人製造的武器和英國的羊毛、木材趨之若鶩，崛起中的西方城市菁英則對中東來的奢侈品愛不釋手。

中世紀伊斯蘭勢力的向西擴張，一開始並沒有給歐洲人帶來威脅，反而大大促進了貿易和手工業的交流，所以戰爭背後的真正勝利者是商人與商業。拜東方市場需求殷切之賜，歐洲經濟與文化得以復甦。商業城紛紛興起，歐洲也從純粹的進口地區變成大量輸出的區域。九世紀到十三世紀的龐大金流，讓歐洲變得越來越富裕，並出現越來越多的城市。城裡的人當然比鄉下人更需要錢。農民需要添購的東西有限，但城裡的人總會一定程度的，比方說，為了維持形象而添購行頭。至此，貿易取代土地成為致富最重要的因素與管道。貿易的興盛同時造就了一批如今被我們稱之為銀行家的生意人。銀行家原本的意思是「板凳客」

（bankier），因為這批人最早的確是坐在街頭的長凳（bank）上從事貨幣兌換，並因此得名。經由貨幣兌換，後來又衍生出借貸業務。

此外，中世紀還促進了兩大工業興起，一是建築業，一是紡織業。建築業主要把持在行會或協會手中，從這些行會和協會中後來衍生出有名的共濟會。紡織業的情況則更悽慘，簡直稱得上肆意妄為、無法無天。許多年輕的未婚女子被迫投入紡織業，卻沒有半毛錢可拿，唯一報酬就是換得免費的棲身之處。為了賺取生活費，許多紡織女工淪為兼差賣淫的妓女。賣淫在當時並未犯法，直到十三世紀，虔誠的法王路易九世（聖路易）才在巴黎頒布賣淫禁令。但這項法令受到無數王公大臣，甚至巴黎主教的反對。主因有二：其一，賣淫根本禁不了，禁也是白禁；其二，禁止賣淫根本無助匡正社會秩序，反而還會造成社會不安。話雖如此，教會仍致力於輔導妓女從良。十三世紀時，和妓女結婚成了一件有利可圖的好差事。教會甚至成立了女騎士團來收容脫離賣淫的妓女。

西元一三〇〇年之際，巴黎已是人口超過十萬的大城市，各行各業、各種不同族群的人聚集在這個狹小稠密的空間裡；手工業者、商人、乞丐、妓女、軍人、公務員，和傳教士全比鄰而居。購買力越來越強的貴族帶動了精品業、貿易，及借貸業務的欣欣向榮。新時代的社會菁英跟著崛起。中世紀城市和古希臘羅馬城市最大的區別在於：古希臘羅馬的社會階級固定而分明，但在中世紀城市裡，社會階級開始被打破，換言之，出現了現今社會學家所謂的「社會流動」（social fluidity）現象。城市的興起，同時意味著政治與社會結構正緩慢而持續的發生變化。商業的重要性越為增加，商人的權力就越大。貴族的財富持續流向販賣奢侈品與貨物給他們的商人。尤其許多貴族為了吸引國王目光、為了炫耀個人風範，常不惜耗費巨資，甚至舉債，來購買奢侈品。

一個社會的城市化程度越深，新崛起的社會菁英對舊有社會菁英的威脅就越大。此一社會階級流動的過程從中世紀一直持續到十九世紀，關鍵就在一項非常不貴族的行為，此行為被賦予了前所未有的價值：工作。舊社會菁英只會藉戰功取得土地來累積財富，卻對該怎麼賺錢一竅不通。自中世紀起（最遲從十二世紀開始），未來不再屬於只會使用蠻力的人，而是腦筋動得快的人，換言之，屬於懂得運用金錢與借貸去製造財富的人。腦力正式取代盾牌與長劍。

佛羅倫斯、紐約、上海

認為工作是一件有價值的事，是種非常城市化的觀念。皮革師傅、鐵匠、麵包師傅、鞋匠，他們製作出來的都是有用或美觀的東西，而且是實際看得見的物品。總之，這一切一定要透過工作。舊時代菁英一開始仍對工作心存疑慮，他們選擇與城市保持距離；他們之中仍有不少人根深柢固的承襲了古希臘羅馬貴族藐視工作的態度。其實就基督教的觀念而言，工作乃是一種懲罰，一種原罪帶來的後果。本篤會修士乃扭轉此一觀念的重要功臣。本篤會非常重視工作，並賦予工作很高的價值。修士的身體力行，讓工作漸漸變成一項有尊嚴的行為。遊手好閒者或寄生蟲之類的人，在城市裡只能當個邊緣人。

有趣的是，基督教原本頌揚的是安貧（大家應該還記得《聖經》上的那段比喻：有錢人要成為上帝國的子民，比駱駝穿過針眼還要困難！），所以基督徒在藉工作變得越來越富有的同時，還得想辦法解決良心不安的問題。畢竟《新約聖經・馬太福音》第六章裡明明白白的寫著：「看看野地的百合花怎樣生長吧！它們既不工作又不縫衣；可是我告訴你們，甚至像所羅門王那樣的榮華顯赫，他的衣飾也比不上一朵野花那樣的美麗。」所以，一如德國諺語說的「賺吧，賺吧，賺夠了蓋房子」這種推崇勤奮工作之人格特質的觀念，一開始在基督教是找不到立論根據的。天主教的《師主篇》同樣不遺餘力的宣揚照顧窮人的觀念，所以天主教的富人也沒有比較好過。基督信仰顯然對有錢的基督徒帶來很大壓力，至少在歐洲形成了所謂的贖罪性格。許多有錢商人為了消除自己的罪惡感，紛紛在城裡開設醫院或救濟院。十三世紀，歐洲最重要、位於今天義大利西恩納（Siena）的醫院，也是商人籌建的。

到了十四世紀，商人有了蔚為風氣的新作法：資助。那是一個由商業菁英統領城邦的時代。贊助藝術創作，乃這批社會地位迅速竄升的商業菁英對外展現品味和證明自己熱心公益的唯一途徑。此等風氣最盛的城市，當屬威尼斯、米蘭，和佛羅倫斯。這些城市成了各種投機建物和藝術品的最佳展示舞台。現在每當我們談到十五或十六世紀，總免不了要提到佛羅倫斯，因為它是當時最具代表性的城市。不過，另一項原因或許是：義大利人本來就比較具公關長才。北方區域，尤其是法蘭德斯和荷蘭，藝術活動同樣非常蓬勃，但重點卻放在研究和創作本身，而非大肆宣傳和炒作。

至於十六世紀的世界金融中心，那絕對非安特衛普（Antwerpen）莫屬。一六〇九年，第一個航行抵達如今之曼哈頓南端的歐洲人亨利．哈德遜（Henry Hudson）也是受雇於荷蘭商人。開發新阿姆斯特丹（紐約舊名）的真正功臣從來就不是政治家，而是商人。紐約之所以能躍升為對全球金融事務具統領地位的世界金融中心，其實全拜商業之賜——說得更露骨一點，其實全拜奴隸交易之賜。此外，當然還有紐約人的土匪性格。移民初期，當地居民主要是孤兒、罪犯，和妓女。荷蘭政府為落實殖民計畫，硬是把監獄裡的罪犯、救濟院裡的窮人，和孤兒院裡的孤兒全數送到這裡。今天，每五家全球最大的企業中就有四家是美商。全世界的交易都繞著紐約轉。對許多代人而言，紐約都是移民者的聖地，是民族融合、連結成網、跨越界線，和打破上下的全球典範。

紐約即便人口稠密到讓人不得不聯想到羅馬和巴黎，但它依舊是個繼承了古典歐洲風範和中世紀美好傳統的都市。但現今都市的發展方向，卻正好與這樣的傳統相違背。城市再也不是實踐融合，而是展現隔離的地點。舉例來說，墨西哥城、拉哥斯、約翰尼斯堡、孟買，這些城市都是現今世上發展最快的都市，但它們展現的卻再也不是充滿動能的融合，而是衍生出與貧民區徹底劃清界線、保全層層戒護的隔離住宅，也就是所謂的門禁社區（gated communities）。在這種巨型都市（Megacity）裡，不同社會階級和不同人格特質的人已經沒有機會互相接觸，不同族群的人就像生活在彼此隔離的平行宇宙裡，上學的地方不同，購物的地方不同，所有生活的地方通通不一樣。

當代的大城市真的已經太大了，大到無法具有原本的城市精神，大到徹底喪失了中世紀都市那種因蓬勃、因雜亂無章而展現出來的美好與豐碩。我的曼谷友人（大曼谷地區的範圍，實際上已橫跨鄰近五大鄉鎮）告訴我，對他們這些住在大曼谷地區的人而言，半夜把孩子叫醒，睡衣都還沒換就趕上車，然後從郊區開三個小時車送孩子到城裡上學乃稀鬆平常的事，上車後孩子可以在車裡睡一下，睡醒換制服、吃早餐，一切都在車上搞定。

當今的巨型城市已經太大卻仍在成長，甚至有連成一片的趨勢。例如美國東北部，南起華盛頓、中到紐約，再到波士頓的區域，已連成一個巨大的都會區，目前居住在此的居民占全美人口百分之十五。另外，位於中國長江三角洲的江蘇省，雖以上海、常州、蘇州等城市為發展重心，但幾乎全省都已變成滿布鋼筋水泥建物和街道的都市圈了。日本從東京到京都、印度的浦那，這些城市的規模也都大到幾乎涵蓋方圓一百公里內的所有鄉鎮和區域。現代巨型城市所帶來的最大危害並不在於空間，而是製造出如社會墳場般的貧民窟。無論是利馬、孟買、德里、達卡、開羅、拉哥斯，或金夏沙，這些大城市的貧民窟，以歐洲人的標準來看，占地都大到足以各自形成一個巨型城市。墨西哥城的貧民窟，人口之龐大甚至超越歐洲第一大都市倫敦的人口，住在此貧民窟裡的人既沒有乾淨的水可喝，也沒有任何公共衛生設施可用。

二百年前，全球只有百之二的人住在城市裡，一九〇〇年左右增加到大約百分之十，如今則是全球百分之五十的人都住在城市裡。根據預測，到了西元二〇五〇年，應該會有超過六十三億的人住在都會區（約占屆時全球人口百分之七十）。結果將是：社會菁英逃離都市。到時候，城市作為文化和經濟中心的時代將徹底結束。不過，這樣的發展趨勢也跟現代的通訊及社交媒體有關。美國金融界最重量級的資本家如今根本無需坐鎮華爾街，他們大可拿著手機在康乃狄克州的農莊裡，輕鬆遙控所有金融交易。

過去舉辦文化盛事一直是城市的專利，現在大家卻更喜歡把地點選在鄉村、海邊，或山區。許多運動賽事和教育訓練營也有相同趨勢。許多大型運動場不再選擇蓋在市中心（例如蓋在馬德里市中心的聖地亞哥—伯納烏足球場），而是選擇蓋在郊區（例如巴黎的法蘭西體育場、慕尼黑的安聯足球場）。許多大學更是完全屏棄都市的紛亂與嘈雜，例如巴黎索邦神學院，還有布拉格查理大學。今天的許多菁英大學，例如位於紐澤西州的普林斯頓大學，更是遺世孤立得猶如一個獨立運行的封閉宇宙。許多新形態的大型城市已經沒有市中心，那些所謂的市中心並非市民真正的生活地點，而是僅供遊客朝聖的歷史遺跡（也就是所謂的「老城區」），許多市民離市區最近的生活地點常常也只是位於城市邊緣的購物中心。就連許多地處偏遠的現代化機場也自成經濟生活圈，並且發展出獨樹一格的「偽」都市化精神，亦即市內有自己的工業區、商業區，和旅館聚集區。

借用現代術語，城市顯然已出現多元中心的發展趨勢。但也因此，那些曾被大家標榜為城市生活的特色，如今也快蕩然無存了。以前的人對城市懷抱一份嚮往，因為城市是文化的寶庫。另外像「彬彬有禮」（politesse）這種概念，最初也是源自於城市（polis）的拉丁文字根。以前的鄉村總被視為粗魯和沒文化的象徵，但今天似乎有翻轉的跡象。所以說，歷史的發展常常是非直線連貫的——這句話值得我們銘記於心。

以下羅列史上最重要的十大城市：

一、**巴比倫**：堪稱世界城市之母。在超過兩千年的時間裡（約從西元前二千年到西元一〇〇年）都是世界排名第一的城市，如此偉大的紀錄真該有後起之秀超越。

二、**雅典**：堪稱有史以來最具人文氣息的城市。短短數代雅典人（約從西元前五〇〇年到西元前三〇〇年）締造出來的藝術與文學成就，竟比世上任何其他文明還要輝煌。

三、**羅馬**：史上第一個超級城市。西元元年左右就已經是擁有百萬居民的大城市。之後經過將近一千八百年，才又出現其他類似羅馬規模的大都市。

四、**耶路撒冷**：人類史上的一個特例。無論從地緣政治或經濟上來看，它都位處邊疆。但就人類歷史而言，數千年來它一直是世界的中心。

五、**哥多華**：時序進入人類的第一個千禧年時，集宗教與經濟重鎮於一身的歐洲中心大城竟是一個伊斯蘭城市。這真是令人無限感慨。

六、**巴黎**：中世紀後期和文藝復興初期，並沒有所謂「唯一的」歐洲首都，而是有多個歐洲中心並列，比方說巴勒摩、根特、波隆那、米蘭等。不過，在這所有的大城市當中，最受推崇和矚目的當屬巴黎。雖然西元一三〇〇年左右，巴黎人口僅約二十萬，但集中的購買力仍大大助長手工業和精品工業蓬勃發展。

地位。

七、安特衛普：雖然文藝復興時期，眾人的焦點幾乎全放在佛羅倫斯和米蘭兩大城市，但安特衛普的音樂發展成果傲人。另外，拜布料交易和港口業務蓬勃之賜，安特衛普從十四世紀到十六世紀一直是歐洲首屈一指的貿易城和金融中心，如今在鑽石交易上仍居世界領導地位。

八、倫敦：工業時代的世界中心。一八〇〇年到一九〇〇年，百年之間人口翻漲了六倍（暴增至六百萬）。但是到了二十世紀，世界金融中心的地位卻被紐約所取代。

九、紐約：自巴比倫以降，史上最國際化的城市。華沙的波蘭人沒有紐約的多，都柏林的愛爾蘭人沒有紐約的多。紐約也是除了中國以外，可以看到最多中國人的地方！

十、上海：工業革命在歐洲花了一百年才辦到的事，這裡十年就搞定了！上海碼頭每天進出的貨物量之大，絕對足以稱霸世界。這裡也是全球人口密度最高的地區之一。

第四章　從不可一世的英雄到無名小卒

論歷史上的大人物和他們的瑕疵

殺死一個人是凶手。殺死數百萬人就是統治者了。

——法國生物學家暨哲學家　讓．羅斯丹（Jean Rostand）

敘利亞考古學家哈立德．阿薩德（Khaled Asaad）一生致力於重建古羅馬遺跡帕米拉（Palmyra）古城，他在這座聯合國教科文組織認定為世界遺產的沙漠古城裡，帶領考古團隊工作了超過五十年。二〇一五年五月，伊斯蘭國（IS）聖戰士占領古城，高齡八十二歲的老先生沒有逃走。聖戰士俘虜了這位考古學家，並且對他用刑，後來更進一步處決了他，並且在網路上公開他被斬首的屍體。聖戰士之所以對他用刑，是因為他們相信帕米拉古城裡埋有黃金和寶藏，他們想逼老先生說出藏寶地點。這些恐怖分子後來將阿薩德的屍體懸掛在一根他奉獻畢生心力重建的古蹟石柱上示眾。

人真的能從歷史中學到經驗或教訓嗎？阿薩德老先生從事考古，他有從歷史中學到寶貴的經驗嗎？顯然沒有。難道歷史上沒有可供我們效法的典範？沒有能讓我們借鑑的人物？有，當然有。其實阿拉伯世界就有個非常值得效法的典範：沙漠女王阿爾·楂芭（Al-Zabba），她曾是古羅馬晚期帕米拉王國的統治者，在西元三世紀時曾短暫卻光榮的驅逐過羅馬人。所以我們其實不該忘記，在強大的穆斯林帝國於七世紀崛起前，事實上早已存在昌盛的阿拉伯文化，而且當時女人的社會地位相當高，甚至能肩負起統領部族或整個王國的職責。

歷史上的女性賦權

在阿拉伯世界被稱為「阿爾·楂芭」的帕米拉女王，在歐洲史上被稱為「芝諾比亞」（Zenobia）。她絕對是難得一見的女英雄，但現在幾乎沒人聽過她的名字，遑論關注她的歷史。其實，我們大可心安理得的依循西方人的習慣稱她為「芝諾比亞」，因為她也自認是西方人。她聲稱自己是托勒密的後裔（托勒密一世是亞歷山大大帝的部將，後來在埃及建立托勒密王朝），所以具有希臘與埃及的貴族血統。她還說自己是埃及女王克麗歐佩特拉的直系子孫。

不管我們這位阿拉伯公主是否真的具有托勒密血統，不管她是不是為了附庸風雅才硬把自己跟高貴的希臘血統扯在一起，其實，光是她的阿拉伯背景就已經非常令人神往，並值得深入研究了，因為芝諾比亞締造的乃世界史上典型的英雄事蹟，她本身就是個標準的女英雄。

不過，像芝諾比亞這樣令人景仰的沙漠女王其實為數不少。美國知名的中東歷史學家納比亞・艾伯特（Nabia Abbott）女士就曾將這些深刻影響中東歷史的女王一一列表，人數甚至超過兩打，其中最知名的當屬示巴（Saba）女王。據說，她曾為了確認所羅門王是否如世人傳頌是世界上最有智慧的男人，而在西元前十世紀特地從今天的衣索比亞遠赴耶路撒冷。結果，長話短說就是：確認無誤後，她還懷上了所羅門王的兒子。[1]

一位出生在今天敘利亞西部大城霍姆斯（Homs），被當時人用亞拉姆語（Aramäisch）稱之為「女首領」的阿拉伯公主，在西元一八七年嫁給了殘暴但功績彪炳的羅馬皇帝塞普蒂米烏斯・塞維魯（Septimius Severus）。這名敘利亞公主正是羅馬史上的尤莉亞・多姆娜（Julia Domna）皇后，她和丈夫塞維魯一同開創了羅馬史上赫赫有名的塞維魯王朝。多姆娜乃握有實權的共同統治者，更是深受後世文學家和哲學家青睞的古代女豪傑。多姆娜在歷史上之

---

1 作者注：從十三世紀到一九七五年，統治衣索比亞的所羅門王朝聲稱他們乃所羅門王和示巴女王所生兒子的後裔。所羅門王朝的最後一任君王是海爾・塞拉西（Haile Selassie, 1892-1975），他的甥孫阿斯法・沃森・阿瑟拉特（Asfa-Wossen Asserate）目前定居德國法蘭克福。

所以重要，主要原因是她將閃米特族的月亮女神塔尼特（Tanit），也就是羅馬人的天庭女神（Caelestis Dea），引進了羅馬。

另外，不可不提的女英雄還有敘利亞女王瑪維亞（Mawia），據說她是加薩尼族（Ghassanids）後裔，加薩尼族乃阿拉伯游牧民族貝都因人的分支；貝都因人原本居住在阿拉伯半島南部，後來向北遷徙，並在敘利亞和羅馬的邊界定居，他們改信基督教應該也是從那時候開始。西元三八〇年左右，瑪維亞占領巴勒斯坦部分地區，勢力甚至擴張至北非，並多次打敗羅馬軍隊。不過，她後來在羅馬與哥德人的戰爭中，又助了羅馬人一臂之力。

欣德・賓特・歐特拜（Hind bint 'Utba）身為古阿拉伯史上的一位女性領袖，在阿拉伯正規文化中卻鮮少被提及，因為她雖與穆罕默德是同時代人，有段時間卻是他最強勁的對手和敵人。居住在麥加的欣德原是女祭司，信奉的是阿拉伯的勝利女神。她更曾率領麾下女祭司參戰，其中一場戰役便是對抗穆罕默德及其擁護者。欣德在伊斯蘭傳統中被稱為「食肝女」，因為根據當時的傳說，女祭司會在戰後將仍然活著的傷兵捉來，並吃掉他們的內臟，換言之，她們就是貨真價實的食人族。據說，欣德在一場與穆罕默德對抗的戰役中殺死了穆罕默德的叔父漢姆扎（Hamza），並且挖出他的心臟，烹煮後食用。後來，在穆罕默德戰勝並占領麥加後，心生畏懼的欣德不僅改信伊斯蘭教，還把女兒嫁給穆罕默德的兒子。之後，欣德更與穆罕默德並肩作戰，成了他的得力盟友。

其實，唯有不把芝諾比亞這類古代女英雄當作例外，唯有當我們明白在伊斯蘭教統治阿拉伯世界前，甚至一直到穆罕默德時期，類似美國電影《飢餓遊戲》裡的女主角凱妮絲・艾佛丁（Katniss Everdeen）這樣的女戰士型阿拉伯女王其實並非例外，我們才能正確評價這些古代的女英雄。芝諾比亞即便不是特例，她在古希臘羅馬後期的女英雄中還是出類拔萃。西元二六七年、二六八年之際，她在繁華的綠洲大城塔德莫（Tadmur），也就是今天敘利亞中部古城帕米拉攀上權力顛峰時，才二十幾歲。兩年後，她統領的帝國幅員之廣從幼發拉底河一路橫跨埃及，直到今天的土耳其。

若以芝諾比亞為題材拍攝一部好萊塢電影，肯定是大製作、大場面：狂野的沙漠女王騎著駱駝在風中馳騁，夜裡就著營火席地而臥，身邊最忠實的夥伴唯有一隻鷹。雖然大多數的歷史學家都主張芝諾比亞是個不坐轎子，只愛赤腳跟著她忠誠的將領一同去獵獅的女王（古籍裡甚至提到，她在「打獵和作戰時，比麾下的男人還要勇猛」），但其實她也非常重視宮廷社交與豪奢排場。根據帕米拉當地流傳的說法，芝諾比亞的宮殿蓋得美輪美奐，雖然主要走波斯風，但其實芝諾比亞個人更崇尚希臘風，加上她平日的嗜好就是哲學，所以芝諾比亞在她沙漠皇宮裡舉辦宴會時，最愛廣邀世界各地的哲人與智士前來共襄盛舉。來自安提阿

（Antiochia，位於今天的土耳其）的基督徒，和來自亞歷山大城的飽學之士，以及來自耶路撒冷的猶太學者，甚至是來自印度和中國的智者，全都齊聚在她的皇宮裡。芝諾比亞喜歡豐富多元、兼容並蓄。據說，她出席宴會時必定全身掛滿珍貴珠寶，擺在客人面前的則是一盤盤耀眼的禮物。她的皇宮不但以金碧輝煌、無比豪奢著稱，她本人更是以充滿知性和能兼容並蓄聞名。

由於關於芝諾比亞的可靠史料並不多，所以歷史學家、史書撰寫者，或詩人（這些人在古時候並沒有嚴格劃分）才有機會發揮自己的想像力。芝諾比亞也因此成了古代女英雄的原型及代表人物。十九世紀晚期的著作習於將歷史人物理想化，在此風潮下，芝諾比亞更是被美化成女版亞瑟王：不但極具行動力，還思慮縝密、足智多謀；雖一擲千金、豪奢狂放，卻也充滿品味、細緻優雅；雖剽悍強勢，卻能廣納雅言，且心胸寬大；雖嚴格，卻公正。換言之，在充滿自信的形象下，同時擁有一顆謙卑的心。

有關芝諾比亞的傳說當然是言過其實了。她所締造的功績，無論是建立帝國和城市，或廣邀天下群賢，雖令人讚嘆，但時間其實很短，根本只能說是曇花一現。芝諾比亞出生尊貴，是帕米拉的貴族，她的父親是強大的阿慕拉齊部落（Amlaqi）酋長。當時，帕米拉人說的是中東地區的通用語亞拉姆語，據說這也是耶穌傳道時所用的語言。在寫於四世紀，一般認為內容算可靠的羅馬史書《羅馬帝王紀》（*Historia Augusta*）裡，芝諾比亞曾被用最高層級的「美」（speciosissima）來形容。她外貌上的風情萬種應該無庸置疑，若沒有傾城傾國的姿色，怎能虜獲當時最有價值的黃金單身漢奧登納圖斯（Septimius Odenaethus）。奧登納圖斯的家族同樣是非常顯赫的阿拉伯部族，他本人更被羅馬皇帝任命為敘利亞行省最高首長。

然而，芝諾比亞卻是在丈夫被刺身亡後才攀上權力高峰（一同被殺的還有他丈夫的繼承人，亦即最大的兒子）。許多歷史學家因此懷疑芝諾比亞是整起謀殺案主謀，因為和丈夫一同被殺的兒子並非她所生。不過，那個兒子一向以熱中「希臘式享受」聞名，換言之，就是個浪蕩子。丈夫和他的繼承人被殺後，芝諾比亞和奧登納圖斯所生的兒子瓦巴拉圖斯（Vaballathus）名正言順的繼承了王位。不過流言依舊甚囂塵上，畢竟會讓一個女人想謀殺丈夫的理由實在不勝枚舉……。不過，許多史籍同樣言之鑿鑿的認為：謀殺她丈夫的真凶應該是她丈夫的姪子，那人曾因不服從命令而被她的丈夫嚴懲，並因此懷恨在心。

在芝諾比亞的丈夫遇刺後，她丈夫原有的部眾、親信、將領，連同帕米拉各部族的首領紛紛向芝諾比亞宣誓效忠。從這一點看來，更可證明芝諾比亞是無辜的，而且還深受整個保守的帕米拉部族愛戴和推崇。芝諾比亞登上權力高峰時，羅馬的國力正好處於極為衰弱的階段。羅馬帝國在很短的時間內損耗了十九位皇帝，加上北方有日耳曼人入侵，羅馬帝國根本自顧不暇。也許芝諾比亞是因為羅馬積弱不振，導致中東的政治出現危險的真空狀態，才被迫挺身而出，並非像羅馬史學家所說，是基於野心和虛榮才踏上征途。

對帕米拉這樣的貿易樞紐城而言，政治安定、商隊能順利經商才是最重要的，甚至攸關存亡。芝諾比亞率領二十萬裝備精良的戰士出征，其中包括一支令人聞之喪膽的駱駝騎兵隊，和一支謂為傳奇的巴勒斯坦神射手弓箭隊，他們以迅雷不及掩耳的方式發動一場場閃電戰，不但在短時間內統領整個區域，甚至打到了羅馬帝國的穀倉——埃及。芝諾比亞雖非男子，但她的雄心壯志，或者說膽大妄為和肆無忌憚，絕不輸美國總統川普加上成吉思汗。

可惜的是，在芝諾比亞的領導下，帕米拉王國的勢力都還沒擴張到極致，羅馬帝國就在一連串的無能君主後，出現了一位強悍而偉大的明君。魯奇烏斯．多米堤烏斯．奧勒里安努斯（Lucius Domitius Aurelianus），世稱奧勒良（Aurelian），這名來自巴爾幹的男子，在羅馬軍隊中從基層一路奮鬥成為最高領袖。

西元二七一年，芝諾比亞在地中海區域發行自己的貨幣，此舉無疑是對羅馬主權的終極挑戰。奧勒良在討伐麻煩的日耳曼人之後，又朝安卡拉的方向揮軍，目的當然是要去教訓不聽話的帕米拉人，而且他也真的辦到了。「大開殺戒是唯一選擇，」二百五十年後，羅馬晚期的歷史學家佐西姆斯（Zosimos）在史書中寫道，「這一天，輝煌的帕米拉貴族政治就此殞落在血流成海中。」但芝諾比亞成功突圍，逃離了羅馬軍隊的追捕。她帶著親信橫越沙漠從安卡拉回到她岌岌可危的首都帕米拉。羅馬軍隊緊追不捨。被羅馬軍隊團團包圍的帕米拉城居民，在糧食耗盡後只能坐以待斃。

在如此絕望的情況下，芝諾比亞依舊沒有放棄，她開始寫信給奧勒良，並向他解釋自己何以不能投降：「閣下難道不知道，克麗歐佩特拉寧死也不可失去尊嚴？」芝諾比亞一邊和對她的行為感到讚嘆不已的羅馬皇帝通信，一邊偷偷策劃向外求援。有天晚上，據說她騎著母駱駝（因為母駱駝較為機靈）偷偷出城準備到波斯搬救兵，但才剛抵達幼發拉底河就被羅馬軍隊給抓住了。帕米拉城的下場，當然就是被羅馬軍攻下並屠城。

但是芝諾比亞的死忠支持者堅稱，芝諾比亞逃到幼發拉底河時就被羅馬人當場殺了。一般而言，外國君主一旦被羅馬軍隊俘虜，都會被極盡羞辱的帶進羅馬城中遊街示眾，然後再跟著拉勝利馬車的鹿一同獻祭給羅馬的神。可是根據羅馬編年史記載，芝諾比亞並未受到這樣的對待。羅馬皇帝不但沒殺她，還在今天的蒂沃利（Tivoli）古鎮為她安排了一處宅第。後來，芝諾比亞更和一位羅馬名人，亦即元老院的成員結婚。

到底芝諾比亞是像某些古羅馬史學者所說的死於幼發拉底河畔，還是像某些務實的專家所言後來成了羅馬社交名媛，大家始終莫衷一是。不過，變成古羅馬社交名媛，當然遠不及在幼發拉底河畔壯烈成仁來得偉大和令人景仰。不過，羅馬當時征服世界的方法也確實是先用武力征服，再進行懷柔和同化。這跟今天的世界強權的作法簡直如出一轍。

為什麼英雄一定得是英雄，不能是狗熊？

阿拉伯地區幾乎沒有人知道誰是芝諾比亞。數世紀以來，在書中或詩歌裡提到芝諾比亞的幾乎全是歐洲人，從早期的羅馬史學家到文藝復興時期的義大利作家薄伽丘（Boccaccio）和佩脫拉克（Petrarca），再到十八世紀的歌劇，乃至二十世紀五〇年代由瑞典女星安妮塔・艾格寶（Anita Ekberg）主演的史詩電影，清一色全是歐洲作品。在中東地區只有少數幾位敘利亞學者和黎巴嫩學者對她稍有涉獵，此外根本沒有人知道誰是芝諾比亞。

這讓我們不得不去思考一個令人遺憾卻很深刻的問題：英雄到底能發揮什麼作用？無論是芝諾比亞，或比她早了二百年、曾讓統治英格蘭的羅馬人很不好過的凱爾特女王布狄卡（Boudica），她們雖曾在歷史上寫下輝煌的一頁，但最後還是敗給了羅馬人，像這樣的人還能被稱為女英雄嗎？又比方說，西元前一世紀曾率領高盧人對抗凱撒，但最終敗下陣來且被俘的凱爾特偉大領袖維欽托利（Vercingetorix），他也能算是英雄嗎？這些人雖然都曾挺身而出，率眾對抗強權，都曾英勇追求過另一種生存的可能，但最終都失敗了。既然失敗，還能算是英雄嗎？英雄也可以是失敗者嗎？

德國哲學家黑格爾（G. W. F. Hegel）曾對歷史偉人提出明確的衡量標準。黑格爾大概是除了敝人姊姊葛羅莉亞（Gloria）和德國足球明星暨教練尤爾根・克洛普（Jürgen Klopp）之外，最有名的斯圖加特人。黑格爾曾在他謂為傳奇的哲學課「歷史哲學」中（一八二二年起於柏林講授）仔細探討過「歷史偉人」的問題，結論是衡量偉人的標準只有一個：這個人在歷史上刻下的痕跡有多深。就這樣，沒了。

黑格爾的中心思想是：歷史的發展不斷向前推移，為了邁向嶄新的階段，必須要有特殊的個人來呈現「世界精神」（Weltgeist）——此乃黑格爾原創的概念。黑格爾認為，這些特殊的個人特別能精準掌握「時代所需」。他們所呈現的是一種不拘泥於當前的例外現象——注意了，接下來是典型的黑格爾場景！——這些特殊的個人就像是在敲破舊殼，再將之砸碎，以便讓新世界展現出來。黑格爾真不愧是樂觀主義者，他堅信進步，認為世界精神就是一項看不見的神聖計畫，而此計畫的內容就是持續增加和逐步實現的自由。黑格爾認為，等世界發展到最高階段，亦即遙遠的未來，人類對本身的自由會充滿自覺，並且真的生活在自由中。黑格爾的世界觀可謂簡單明瞭又幸福快樂，真是讓我這個娛樂版記者甘拜下風。

黑格爾將世界史劃分為簡單的三階段：最先登場的是「東方人」，這些人認為世界上只有「一個人」（帝王）是自由的；接著登場的是希臘人和羅馬人，他們認為只有「少數人」是自由的；最後歷史來到了新時代，新時代的人知道「所有人」都是自由的。對黑格爾而言，成為歷史偉人的唯一標準是：這個人有沒有將世界往前帶，有沒有破除舊有、締造新局。任何變動，即便失敗，對黑格爾而言都是過程的一部分。

黑格爾並不在乎所謂的道德倫理。對他而言，歷史上的偉大人物縱使有人格缺失也不要緊。黑格爾在課堂上曾經說過一句名言：「僕人眼中無英雄。」意思就是，有機會親眼見證英雄的真實個性、私心自用，甚至是人格缺點的人，通常無法公允的評估英雄的偉大。簡而言之，即便一個人私底下是個混蛋、大爛人，只要他對歷史發展確有其貢獻就是英雄。

黑格爾在柏林講授的劃時代歷史哲學課，在過去二百年間想當然耳受盡了批評與反駁。最受詬病的當屬他的「世界精神」概念，他甚至對拿破崙推崇備至，稱他為馬背上的世界精神。此外，黑格爾所認為的歷史發展，亦即世界將持續朝和平與自由邁進，就二十世紀的人類經驗而言實在可笑。

瑞士學者雅各．布克哈特（Jacob Burckhardt）是黑格爾的重要批評者之一，他認為歷史上沒有人是不可或缺的，而且所謂的偉人只不過是後人為其貼上的標籤，所以並非絕對，隨著時代精神的更迭和轉變，後世對他們的評價也會改變。不過，布克哈特也認為，某些單一個人確實曾對世界發揮過獨特的影響力，所以我們必須承認他們的歷史重要性。有趣的是，根據布克哈特的標準評選出來的歷史重要人物，竟與黑格爾不謀而合，幾乎全是西方歷史上功過極具爭議的人，比如亞歷山大大帝、凱撒、拿破崙，和腓特烈大帝。這些人清一色是國家領袖和發動戰爭的人。

更值得注意的是希特勒傳記作者約阿希姆．費斯特（Joachim Fest）對黑格爾提出的反駁。身為十九世紀的樂觀主義者，黑格爾和布克哈特肯定沒料到後來會出現希特勒。費斯特無法將希特勒歸為黑格爾或布克哈特所說的英雄。費斯特認為他們所訂的偉人標準大有問題，若照他們的說法，連希特勒也能算是個「偉人」了。費斯特找到的解決辦法是，他以美學觀點來反駁傳統偉人的衡量標準。費斯特說，雖然希特勒的確把他的人民從一種舊有狀態帶向了新狀態，並且一定程度的反應了當時的大眾需求，而且即便希特勒具有一種「非凡的、具神奇強迫性的意志力」，但更關鍵的卻是，他這個人明顯具有小人特質。費斯特形容希特勒報復心強、心胸狹窄，完全不知寬宏大量為何物，而且還篤信唯物論。結論就是，這樣的個性完全違反英雄特質，所以希特勒根本沒資格被視為偉大的歷史人物。

說到偉大的歷史人物，即便像諾貝爾文學獎得主托馬斯．曼（Thomas Mann）這樣的人，我們還能說他是「聲名狼藉的偉大歷史人物」，或「二流的天才」，但心胸狹窄的希特勒怎麼也稱不上是英雄。費斯特認為十九世紀衡量偉大歷史人物的標準實在大有問題，並且進一步引用鐵血宰相俾斯麥的信件來佐證。俾斯麥在信中曾多愁善感的提到「世俗偉大」的可悲：「這就好比被貶下凡的天使永遠得不到安寧，祂們雖因種種計畫和奮鬥不懈而偉大，卻永遠不會成功，所以只能驕傲而悲傷。」

如果我們以名字是否能長存於世人的記憶來衡量一個歷史人物的偉大程度，很可能就誤入歧途了。因為名字會被世人記住的人，通常跟殺戮有關。比方說，特洛伊戰爭中的阿基里斯顯然很清楚唯有死，才能讓他以英雄之姿長存於世人的集體記憶。但能被世人記住就算得上是英雄了嗎？如果真是這樣，那麼黑若斯達特斯（Herostrat）不就也是英雄？此人於西元前三五六年，用一把火燒掉世界七大奇蹟之一的以弗所（Ephesos）亞底米神廟（Artemis-Tempel）。人家問他為什麼要這麼做，他說：「為了成名！」黑若斯達特斯的行為確實讓他成功的名留青史，但燒毀神廟贏得的其實是遺臭萬年。

反觀亞歷山大大帝，他摧毀的神廟不下千百座，為什麼一般人卻尊他為英雄？亞歷山大大帝征服每個地方的作法幾乎如出一轍：摧毀老城，將財物劫掠一空，斬殺菁英，俘虜婦孺充當奴隸，破壞神廟，公審戰俘，甚至進行滅族式屠殺。亞歷山大大帝從不關心死後能否為帝國留下遺產，更不在乎誰是繼承者。彌留之際，部屬問他王位由誰繼承，他只回答：「最強者。」亞歷山大大帝只在乎自己的名字能否長存於後世的記憶中，所以他總是讓編年史家和藝術家隨侍在側，記錄他的所有作為，以便能為後世景仰與流傳——拿破崙雖然跟他的年代相距久遠，作法卻如出一轍。亞歷山大和拿破崙這兩位君主，因此為自己留下不朽的歷史形象。但平心而論，這樣的人真值得我們崇拜和尊敬嗎？

難道世界史中就沒有符合、甚至超越黑格爾標準的英雄？換言之，於公於私都沒有重大瑕疵，既非殺人不眨眼的殺人魔，也不是充滿人格缺陷的混蛋。仔細檢閱世界史，我們會發現這種人少之又少：既能以天下為己任，又願意傾力輔佐舊有君主或勢力。但真有符合這種標準的人嗎？這裡我倒是想到了一個！

又是猶太賢人

一九四九年，德國哲學家雅斯培在他對世界史的省思中，亦即《歷史的起源與目標》（*Vom Ursprung und Ziel der Geschichte*）中，稱西元前八〇〇年到前二〇〇年為「軸心時代」。人類歷史在此階段出現了多位奠定世界思想基石的偉大人物，他們所倡議的思想有許多仍沿用至今。比方說，中國出現了孔子和老子，印度出現了釋迦牟尼，伊朗出現了祆教創始人查拉圖斯特拉，希臘則有哲學家，中東有先知，後來更出現了耶穌基督。

以上提到的只是少數幾個知名例子，他們代表的是世界各地，無論中國、印度、中東，或西方，在短短數百年間所展現出來的思想上的百花齊放與蓬勃發展，而且是在彼此不知道對方的情況下。其中有個問題尤為特殊，並對世界史的發展影響至巨：為什麼只有基督教發展出跨文化的吸引力和驚人的動能，不僅向全世界傳教，最後更推動了資本主義和全球化的發展？

要回答這個問題，就得提到一個關鍵人物，那就是出生在希臘文化圈的一個猶太人。這個人的希伯來名字叫作「掃羅」（Saul），希臘名字叫作「保羅」（Paulos），這兩個名字必須同時提及，因為他在世界史上扮演著串聯猶太教、古希臘羅馬文化，和基督教的關鍵角色。使徒保羅是早期基督教最重要的傳教士。當然，即便沒有保羅，羅馬帝國境內還是會出現許多基督教的猶太分支，但可以斷言的是，少了他，絕不會形成大規模的傳教。

西元一世紀，儘管有許多充滿熱情的傑出傳教士積極的在各地傳福音，並告知眾人最後審判將臨，但他們當中只有保羅真的為基督教打下大規模傳教的基礎，並迎來了大批信眾。為什麼會這樣？保羅就像是網路的串聯者，是跨文化的橋梁。他雖然出生猶太家庭，卻擁有羅馬市民權，能夠自由行動。他原本是傳授猶太經典《妥拉》（*Tora*）的優秀教師，並自詡為傳承正統希臘思想的哲學家。後世的某些史學家認為，基督教後來之所以能發展得這麼成功，主要就是融合了猶太精神與希臘精神。這樣的融合為基督教帶來了爆炸性的發展；保羅之於基督教，就像愛因斯坦之於核融合。

基督教最初的成員只有猶太人，他們不允許非猶太教徒入會，但保羅卻決定向外邦人傳教，而外邦人中最重要的成員當屬城市菁英，換言之高級知識分子。為了讓這些人接受基督教福音，保羅借助了希臘哲學的思想與邏輯。此舉跨出的其實是非常偉大的一步。保羅的第二步同樣深具革命性：他在傳福音時，完全不考慮出生背景、社會地位，和種族。在保羅以前，宗教永遠只屬於某單一氏族，或頂多屬於某個民族。但保羅讓基督教變成一個所有人都能信奉的新宗教，有別於以往只有猶太人才能信奉。

世上第一個全民宗教於焉誕生，這是一個屬於所有人的宗教——不論族群，不論社會階級，任何人都可以加入。這正是保羅傳教的威力所在：他的「全民宗教」的概念，不僅為基督教廣納信徒，甚至是他對抗保守的基本教義派的利器——這些人完全把自己跟外界隔離，視基督教為聖徒和苦行者的專屬宗教。對抗基督教保守勢力和極端苦行者，爾後成了保羅一生的宗教職志，因為他不願意見到基督教畫地自限，他希望把基督教傳播到全世界，尤其是世上最動盪、最不安、最骯髒汙穢的地方。至於他能否因此留名青史，這一點他大概完全沒有考慮過。

史學家最推崇保羅將希臘哲學與猶太、基督教思想融合在一起，並且讓它們相輔相成。但其實他的另一項成就更大，只不過這項成就並非他刻意促成：保羅雖然非常推崇希臘哲學和《舊約全書》的嚴謹內容，卻也是最先提出不用大腦而是以身體的另一個器官去認識上帝的傳教士，這個器官就是「心」。此觀念對古希臘羅馬人而言非常嶄新！而且此觀念的提出必定導向另一結果，此結果讓保羅無異於「個人主義」的首創者。

在保羅提出此一觀念之前，神的形象一直都是遙遠、殘酷，且非常情緒化的，尤其重要的是不可捉摸——但這樣的形象有其必要：因為神是要用來敬畏的，不是要用來愛的。要人用「心」去愛神，這樣的觀念對當時的人而言非常可笑。但比這更可笑、甚至荒謬至極的觀念是，眾神（或至高無上的唯一真神）不但認識世間的每一個人，還愛世間的每一個人。保羅真的這麼說：「神愛世上的每一個人。」那個從前只會降下懲罰、以洪水或蝗蟲懲罰世人的神，現在起竟然願意跟每個人對話，願意關懷每個人，即便是最糟糕的人，上帝也願意傾聽其心聲；神不再只是專屬於祭司和君王的神了。

「全民宗教」的概念其實是一項極具革命性且充滿原始民主意義的創舉，其作用和結果當然非常驚人。保羅藉由個人和神直接建立關係，亦即每個人都可以直接跟神溝通的全新觀點，建立了人人都有其尊嚴的普世認同。美國知名的社會神學家厄內斯特．貝克爾（Ernest

Becker）認為此乃「基督教世界觀裡最值得推崇的觀念：不管是奴隸、殘障者、愚昧之人、市井小民，或位高權重者，所有人都有可能成為英雄……」

這樣的觀念徹底推翻了傳統的價值觀。古希臘羅馬時期的人如果想成為曠世英雄，不是得效法海克利斯，就是要學習阿基里斯。但新時代的英雄史內容已經改變，即便有時會提到過去的那些偉大烈士，也只是為了吹噓羅馬後期傳教時的豐功偉業。新時代的英雄史裡，十五歲的小女孩或身分卑微的奴隸，突然取代了海克利斯之流的人物，躍升為真正的主角，為了信仰犧牲性命。

神愛世人，此福音成為不容反駁的事實。現代人習以為常的個人主義和人性尊嚴，以及世上每個人都有其價值的信念，其實都衍生自神愛世人的觀念。非宗教性的人道主義以及其他的世俗價值，其實都是後來——也就是隔了很久以後——才從基督教的個人價值和個人自主權衍生而來。俗世所鼓吹的人性尊嚴，其實就是去掉宗教意味的保羅福音的內容。

除此之外，保羅所傳的福音（神愛世人）對社會和政治領域同樣發揮了極大的影響力，例如男女平等的觀念（因為在神的面前男女平等），以及主人和奴隸平等。保羅認為神的精神與每個人同在，他對驚訝無比的普羅大眾傳教，無論是身處社會最底層的人，或是根本不被當人看的人。保羅的福音為晚期羅馬社會帶來了極大震撼。在由少數菁英統領的大城市裡，追隨保羅信奉基督教的人尤多；他們當中有許多人，無論是基於經濟因素或社會因素，一直都是被社會排斥的人，也就是所謂沒有容顏的人。教會的規模因此迅速擴張，信徒的團結以及救濟院和醫院的陸續建立，讓基督教變得備受矚目。當時，只要是基督教興起之地，總是能帶動社會的諸多變革。

但後來基督教的傳播卻充滿了暴力。最黑暗的一頁，當屬十六、十七世紀西班牙和葡萄牙征服者對中南美洲的統治。不過即便如此，連最頑強反對基督教的人都無法否認，基督教確實為世界帶來一項對希臘羅馬文化而言全然陌生的觀念：崇拜弱者。對猶太人而言，耶穌被釘在十字架上，就代表他喪失成為彌賽亞的資格。猶太人要的救世主，是一個能恢復大衛王國之榮光的彌賽亞。即便在希臘人和羅馬人眼中，耶穌也算不上是英雄；被釘死在十字架上，這種死法稱不上英雄。

但保羅卻將耶穌受難（被釘死在十字架上）詮釋為一種另類勝利：因為這是種終極犧牲，為贖全人類的罪，耶穌只能犧牲自己。保羅藉此翻轉古希臘羅馬的價值觀，並且為英雄下了全新定義。保羅以一個非常弔詭的觀念——藉放棄暴力贏得勝利——為西方世界建立了一項核心理念，爾後更成為西方的普世價值：尊重弱者，照顧需要被幫助的人，每個單一個人的生命都值得被珍惜。

雖然誠實的基督徒不會認為目前主宰和統治世界（尤其是西方國家）的是這樣的精神，但不可否認，這樣的精神確實為我們的社會帶來了革命性的影響。全然奠基於蠻力的強悍，藉獨斷而達到的宰制，這樣的行為漸漸為我們所不屑——這也正是西方人建立公平社會和法治國家的重要基礎。事實證明，相較於獨裁政權，此基礎雖然著重於關懷弱勢，卻為我們的社會帶來持續的進步，並且是我們維持穩定的關鍵。西方社會及歐洲國家的強大，顯然是奠基於尊重弱勢。

不久之前，新興市場的崛起仍被當成是西方模式的反證，但近日，事實證明，其缺乏自由、真誠、包容和法治的社會特質，已成為阻礙進步的不利因素。所以，「西方價值」確有其值得捍衛之處。大家常會忽略，其實西方價值的根本核心是尊重弱勢、照顧弱勢，所以才會發展出綿密的醫療網。倘若不是基於關懷弱勢，歐洲如何能凝聚社會共識，建立起這種每位公民和移民皆能享有相同權利的社會福利國家。倘若歐洲社會所遵循的原則不是關懷弱勢，歐洲就不會如此迷人，不會吸引如此多不同文化的人前來，其中的某些文化甚至從未有過要關懷弱勢的觀念。

我也不知道非暴力的神奇之處何在，以及它為什麼會顯得如此崇高，具有如此弔詭的強悍力量。但許多事情憑藉的或許就是直覺，而非理解。我只知道，如果連俾斯麥這樣位高權重的大人物都認為贏得世俗偉大未必就是英雄，那麼西方人對英雄的看法肯定有其獨到之處。換言之，被我們視為英雄的人，其實常常是願意冒著生命危險去扶助弱小的人。所以，比起強悍的奧勒良，或許芝諾比亞更符合英雄形象。在敘利亞北部對抗伊斯蘭國的那些女戰士，比方說清一色女兵的庫德族人民保護部隊（YPJ-Miliz），她們絕對堪稱現代版的英雄——瞧，芝諾比亞的精神不死！

的確，即便使徒保羅最後還是被羅馬皇帝尼祿給殺了，但我們依舊認為他是世界史上的真英雄。另外，像本章一開始提到的敘利亞考古學家阿薩德，他大可以逃走卻留下來死守，像他這樣的人當然也是真正的英雄！

以下根據年代先後列出我個人認為史上最偉大的十位英雄：

一、**摩西（Moses, c.1500）**：摩西真是歷史人物？就學術觀點而言，遠古歷史並非真正的史實，所以《出埃及記》並非史實。不過，那些故事想闡述的是人類的本質和人類與造物者的關係。古沙漠文化和大河文化的神話，通常採取強者或強權的立場，但在《妥拉》的故事裡，意義、秩序，和道德開始在人類史中占有一席之地。尤有甚者，自由的概念藉由摩西這樣的人物，正式出現在人類歷史中。《出埃及記》敘述的無疑是人類的第一場起義與革命。

二、**使徒保羅**（c.5-c.64）：這個身有殘疾的猶太知識分子不但冶猶太教、基督教，和希臘哲學於一爐，更創立了一種全新的世界宗教，並間接發明了個人主義。

三、**芝諾比亞**（c.240-c.273）：她代表的是那些完全被世人遺忘的偉大人物，並提醒著我們「莫忘將死」（Memento mori），亦即再偉大的名字終有徹底消失的一天。

四、查理曼大帝（c.747-814）：覺得俄國總統普丁喜歡在大庭廣眾下打赤膊很可笑嗎？覺得可笑的人真該看看查理曼大帝的例子。這個第一個成為羅馬皇帝的法蘭克國王，甚至會在眾目睽睽下全身赤裸的沐浴，只為了向世人展現他的強健體魄。查理曼大帝堪稱歐洲君王界的第一位超級巨星。他以帕德博恩（Paderborn）為根據地向外擴張，終至統治了整個中歐，並在此宣揚基督教和分封土地給將領。今日的歐洲主要由他打下版圖基礎。

五、馬丁・路德（Martin Luther, 1483-1546）：就德國人的立場而言，他當然是英雄，甚至稱得上是對抗羅馬強權之日耳曼英雄阿米尼烏斯（Arminius）第二。馬丁・路德確實改變了世界（就正面意義來講），所以他完全符合黑格爾的英雄標準。不過，他也同時為世界帶來了禍害：資本主義。至少德國社會學家馬克斯・韋伯（Max Weber, 1864-1920）認為，資本主義這筆帳一定得算在馬丁・路德頭上。

六、法王路易十六的皇后瑪麗・安東妮（Marie Antoinette, 1755-1793）：原是奧地利公主，最後在巴黎命喪斷頭台。她在走上斷頭台時，不慎踩到劊子手，她立刻向對方道歉。她一直是我個人非常崇拜的女英雄，所以一定要將她列入我的十大偉人名單中。

七、南丁格爾（**Florence Nightingale, 1820-1910**）：英國護士，素有「提燈天使」之稱，是現代醫護系統的創建者。這樣的人當然得名列世界十大偉人之一。

八、雅努什・科札克（**Janusz Korczak, c.1878-1942**）：波蘭醫生，自願陪同他所負責的孤兒院院童前往特雷布林卡滅絕營（Vernichtungslager Treblinka），因為他無論如何都不願丟下他們。他絕對是為愛犧牲的最佳代表。

九、納爾遜・曼德拉（**Nelson Rolihlahla Mandela, 1918-2013**）：對十九世紀的黑格爾和布克哈特而言，戰績彪炳才算英雄，但是對活在今天的我們而言，倡議和平的人反而才是真英雄。曼德拉是坦布族王室後裔，是南非的自由鬥士，在獄中度過三分之一的人生。出獄後不但不要求賠償、不訴諸報復，反而全心投入種族和解。

十、敘利亞考古學家阿薩德（**1933-2015**）：其實他正是所有有勇氣留下者的最佳表率。

第五章　破蛋難圓

我們能修復這個世界嗎？如果能，該如何做？

迄今為止一些最重要的觀念

當某個觀念的時代已經來臨，任你千軍萬馬也擋不住。

——雨果（Victor Hugo）

法國電影導演尚盧・高達（Jean-Luc Godard）想出了一個很迷人的點子來幫助希臘政府重新整頓國家財政：每當有人在談話或討論當中運用到源自古希臘的觀念，就要立刻匯款十歐元到雅典。單靠「民主」或「邏輯」的版權，就足以馬上振興希臘的國民生產毛額了。不過靠著「明智」（σωφροσύνη）這個概念我們好像就沒辦法賺這麼多，儘管Sophrosyne才是古典時期的真正核心，而且是最最美好的思想，也是希臘戲劇關注的核心。古希臘劇場裡總是一再上演相同的戲碼：總是會有一位人物登場，他英雄式的征服了世界……最後又總是以失勢收場。

然而，在這個顯而易見的「人哪！凡事勿過度」的道德觀底下，有著一股面對人類近乎無限的能力時所發出的讚嘆低語。在這裡，我請諸位讀者想像一下古希臘悲劇作家索福克勒斯（Sophocles）所寫《安蒂岡妮》（*Antigone*）裡的合唱團在舞台背景中吟唱：「驚奇的事很多，卻沒有比人更令人驚奇……（他日復一日耕種田地等等）……他以智巧征服了各種穴居高山及漫遊原野的野獸……這份大能時而引人行惡，時而用以創造美善。」

人類有能力成就最卓越輝煌的事，也能幹出最無恥下流的勾當，兩樣能耐兼具。人的可能性如此驚人，以至於單看那自我克制的能力，亦即不去做盡在人的能力範圍內的事，就已經是自由最優美的呈現方式了。「Sophrosyne」指的正是審慎思慮下的自我克制。就像那合唱團所吟唱的，讓世界臣服在自己腳下——但又要能把握適當尺度……如果行得通的話。倘若我們一定要概括論述荷馬史詩故事裡的道德觀，那就會歸結到巴伐利亞人的一句俚語：控制你自己！

順帶一提，對荷馬來說，一切善的、有德的事不僅道德正確，更重要的是，它是更美好的選擇。無論何處，當人克勝了自我（這也就是Sophrosyne思想的核心），和諧之氣便充沛滿盈。忠信、勇敢、真誠、正義這些特質，皆因著美及和諧而散發出來；而就荷馬看來，背叛、偷盜、不忠，以及所有只看個人利益而不知自我節制的特質，簡直就是醜陋的。善或惡、醜陋或美好，人類可以自由抉擇。

要了解人類精神史的概況，荷馬及古典時期誠然是個方便的出發點，但又有點太方便了。若是要談觀念史的話，便得從更早的時期談起。

誰有觀念？

觀念指的到底是什麼？觀念（idéa）這個詞首先意味著圖像、畫像，或描摹。第一個要談的觀念就是觀念本身，也就是腦袋裡的圖像。光是要做出最簡單的工具，例如石斧，人們就需要一個想法，也就是說最後的成品看起來應該是怎樣。人們需要一些圖像來思考。我們那些以狩獵和採集維生的老祖宗看見野獸的足跡時，腦袋裡也會出現圖像。他們從他們的心靈之眼看出了附近的獵物，也學習如何辨識解讀足跡。而那些在石壁上畫野獸的古人，當然也得依循一個觀念。例如，他藉由這個觀念或想法的引導，將他狩獵的好運（或是部落狩獵的好運）記錄下來。

人類相當早期便有的一個觀念，必定跟以下事物有關：有少數人能與超自然界做某種溝通，進而影響社群的狩獵成果或健康。之後，不只是狩獵成果，人們也相信連耕種收成都得仰賴這樣的中介者。因此，人類史上的第一批領導者大概是一些薩滿巫師。關於這點我們可以說，那些在心靈方面特別有天賦的人，或是那些富有領導魅力的人，獲得了人們的認可；也可以說，那些最會吹牛或是胡言亂語的人獲得了權力。這兩種情況其實可以並存。

不管怎樣，巫師在最早期的社會組織裡位處最高階層，再來才是戰士、男丁，次第而下。每個階層都有自己的領導者，這種情況後來自然會導致衝突，也就是最後誰說了算的問題。隨著專業分工與時俱增，所有早期的人類文明都發展出牢固的階級制度。螞蟻和蜜蜂有其階級制度，猿猴類自然也有，但唯有人類有能耐設想出各種階級制度，然後再按照共同的協商約定將自己的組織架構起來。我們所創造出來的這些階級制度，也是人類的一種觀念，是一種單就組織學來看、要發展高等文明不可或缺的思想。

或者，階級制度不是一種思想，而是我們發現的一種東西？它是自然而就的嗎？或是神所賜予的？而關於自由，情況又是如何呢？直到我們稱為自由的東西首次受到歌頌之前，人類文明已經度過好幾千年的歲月，而歷史上絕大部分的時間裡，人類都是不自由的。生而不自由，在以前的世界裡是最正常的狀態。舉例來說，「一個人可以隸屬於他人」這樣的想法，數千年來根本從未被徹底質疑過（很諷刺的是，甚至到了十八世紀真正自由化的美國也是如此）。而「人可以是自由的」這個想法，在人類史當中極長的一段時間被視為荒謬，在古代東方的語言裡甚至沒有自由這個詞。

從人類史的角度來看，自由的概念首次出現在西元前十六世紀到前十二世紀，閃族的游牧民族在奮力抵抗強盛埃及的奴役時，意識到自己的存在狀態。在大約西元前一四〇〇年的某個時間點，必定出現了多次起義以及群眾運動，而這些早已無法精確重構的歷史事件，至少曾被濃縮記錄在一份強而有力的敘事裡：西元前七世紀到前六世紀間的希伯來經書《妥拉》。這份敘事在以文字記錄下來以前，是以口述的方式代代相傳，而這份文字紀錄的影響力如此之大，以至於它現在被視為奠基猶太教—基督宗教—伊斯蘭教的神話，因此也等於是奠基現代世界的神話——我們現在所要談的正是《出埃及記》。

在《出埃及記》中（猶太人反抗埃及人，並展開他們進入聖地的傳奇旅程），那種從人類史的角度看來具革命性、嶄新的東西，並非只是因為它是第一份記載大規模抵抗奴役的文件——也就是第一次追尋自由的運動。在這裡討論是否有那一次大逃亡，或只是把很多次的起義與逃亡運動比喻性的濃縮在摩西的故事裡，都只是次要的。從人類史的角度來看，這個故事的影響力大到它可以說是從多神論到一神論的轉捩點。按照摩西五經中的描寫，《出埃及記》的核心在於宣達一個盟約。想成就一個盟約，就不能沒有忠信；而忠信預設了自由，否則這份忠誠信實便沒有價值可言。

「信仰」這個詞在《舊約》裡，與忠信、信賴是一樣的意思。這份信仰就是：上主與以色列的子民締結了一個盟約，為的是要將他們從奴役中解救出來。這看起來就像是與神建立了法律關係。因此，與多神宗教裡的神祇不同的是，這位神不再是沒有位格、恣意而為、不可推測的，而是一個具體、可與之談話的夥伴，他一路陪伴引導著一群人民——這裡指的是猶太人。

隨著這個強調忠信的一神信仰出現，我們也跨出了世界除魅的第一步。這一步，帶人類離開了對魔法以及非理性力量的信仰（這些力量會恣意的賜予生命、降下死亡，且人們必須藉由犧牲祭祀等儀式使之平息）；這一步，帶我們走向強調理性的思考。《出埃及記》的敘事不再將世界描寫為一片混沌之地，或是展現強者權力的場域，而是從道德的角度並順著符合倫理法則之路來詮釋它。

誠然，猶太人的一神論並非憑空蹦出來的。這一脈傳統始於古代波斯教，經過埃及法老王厄希那頓（Echnaton）——但厄希那頓那顛覆性的一神論所關切的是真理，而非忠信——再到猶太民族。而《出埃及記》所傳達的革命性新穎之處，其核心是這個問題：神是否為我們做了某些安排，如果有，那是什麼？

古代波斯人或埃及人從來不問這個問題，他們是這樣理解自己的：人以及其他一切生命體（包含眾神）是隨著世界生成一起出現的；而諸神之所以存在，純粹是為了不讓這個世界覆滅；人可以藉由儀式稍稍援助神，其目的不是要改變這個世界，而是要戰戰兢兢的維持世界的現狀。與此相較，《出埃及記》的神話述說了一個截然不同的故事。它述說了一個世界，神在其中將一群人民從奴役中解放出來，並且與他們攜手推行一個計畫：去實現一個公義的社會。這個故事（如今是一個計畫）突然間有了方向和目的，而人類在其中扮演決定性的角色。

藉著《出埃及記》（以及奠基其上的各個世界性的一神論宗教），一位神顯示了自己（對所有有信仰的猶太人來說，祂的啟示就只有這麼一次；而對基督徒以及穆斯林來說，這是第一次），這位神從祂隱蔽的狀態中走出來，並向人類表明、啟示了祂的旨意。因此，我們也把猶太教、基督宗教與伊斯蘭教稱作「啟示宗教」。這些啟示宗教連同他們改善此塵世的倫理觀，彷彿是人類的所有意識形態或各種主義的原始祖先。舉例來說，若沒了猶太教、基督宗教，以及伊斯蘭教，我們便無法理解馬克思主義的計畫。就精神文明的歷史來看，一旦人類開始要打造一個公義的世界，或許就走到了人類史裡最重要的分叉口。

最初，JHWH[1]（這是神向摩西及亞伯拉罕所啟示的名號）只是猶太人的神；然而，從一個與一小群人訂立盟約的神，到成為一個關心所有人類的神，其實只是一小步。而下一步——向全世界傳教——也同樣合乎邏輯。最令人訝異的成就是由納匝肋人（Nazaraer）的團體所完成：從猶太教的一個小教派，變成全世界最大的宗教（基督徒大約占全世界人口三分之一）。而另一個與猶太教有近親關係的宗教——伊斯蘭教，也同樣取得了重大的成功。這值得我們深入去了解。

和平之屋

伊斯蘭教的魅力所在同時也是它的厄運之由：它所牽涉的並不只是宗教，它首先也是一個社會規畫。伊斯蘭教之所以被歸納在觀念史裡，是因為它是人類史裡第一個宏大的烏托邦計畫。

伊斯蘭教的教導並非只攸關個人信仰的虔敬，它首先關乎的是在地上建立一個充滿公義、中悅神意的社會共處模式，而這也就是伊斯蘭與其他兩大亞伯拉罕宗教[2]的核心差異所在。穆斯林認為，神對於人類社會應當是什麼模樣有很明確的想法。神總是借助先知——從穆斯林的觀點來看，穆罕默德（Mohammed）是最後且決定性的一位——帶領著我們，因為若少了神適時的指引，人往往會陷於迷惘而不知所措。

根據伊斯蘭教信仰，神是如此的愛我們，所以祂願意我們在世上就能過著幸福與真正的生活，而非去到天堂才能實現；相信人能夠造就一個和平、和諧的世界，也就是「和平之屋」（Dãr al-Islām），乃是伊斯蘭信仰的一部分。因此，這信仰認為政教分離是不合宜的；這也是為何伊斯蘭教本身很難與多元社會融合，因為這個信仰本來就跟多元社會喬不攏。他們可以想像在伊斯蘭國裡、在這和平之屋的大屋簷下，進行一個和平且多元化的社會互動，但一旦出了這個帳篷就沒輒了。他們無法從多元社會的一分子、與其他文化平起平坐的觀點，或是在另一個文化的屋簷下，來設想伊斯蘭教。

因此，這裡牽涉的不只是作為一個宗教的伊斯蘭，而是作為一個宗教性的烏托邦。這個面向讓信仰基督教和猶太教的人感到陌生；對他們來說，建立烏托邦乃是危險的想法，因為想靠自己的力量在地上建立樂園無疑是驕傲的表現。對猶太人及基督徒而言，自亞當夏娃以後，世間就有了一道裂痕，而且單靠人類自身的力量是無法修補這道裂痕的——這有點像是英國童謠裡的蛋人Humpty Dumpty，他從牆上掉下來摔破了，結果連「國王所有的軍隊人馬」也無法讓他復原。就猶太—基督宗教的觀點來看：人要得到最後的救贖，必定就需要神。儘

1 譯注：這是古代希伯來人的神所自我啟示的名號，基督新教譯為耶和華，可參見《出埃及記》三章十三節、六章三節。

2 譯注：指猶太教和基督宗教。

管我們必須為了修補這個世界而工作，但可以非常確定的是，這工作永遠就只是暫時性的應急措施而已。

不管從猶太—基督教的觀點，還是從穆斯林的角度來看，神在歷史中的一切作為，都是為了讓人獲得救贖；但是根據《創世紀》和《出埃及記》的敘事（因此這點對猶太人及基督徒同樣有效），我們人總是因為自身的驕傲一再破壞神的計畫。猶太人和基督徒所期待的完美，只有在萬世終結時才會到來；而對於那些虔誠誦讀《可蘭經》的人而言，「世界有一道裂痕」這樣的想法無非是對神的褻瀆。伊斯蘭教渴求一個沒有瑕疵的世界；而對基督徒來說，在瑕疵與苦痛之中卻深藏著一份奧祕。在基督信仰裡，罪人也可以是救贖的傳遞者：在《舊約》與《新約》裡充斥著尋得恩寵的殺人凶手；從說謊者雅各到殺人凶手兼誘拐良家婦女的大衛王（David），再到曾經是背叛者的第一任教宗伯多祿（Petrus）。

《聖經》之所以細數耶穌那滿是殺人凶手及妓女的族譜，就是要指出那份對所有帶有缺陷的人的接納。對比之下，伊斯蘭教追求的是塵世間的完美。基督宗教明顯反對純粹主義（anti-puristisch）；而對於伊斯蘭教義，並沒有清教徒式的解讀，因為就其核心而言，伊斯蘭教就是清教徒主義。但他們之所以如此，並不是要折磨人們，而是要藉此讓人們的生活適意順利。

很多書籍（像是您現在手中捧著的這本）都給人一種舒服愉快的感受，因為它們都傳達了某種美好的感覺，好像整個人類有著唯一的歷史。但如果好好研究伊斯蘭教，便會看到一個全然不同的世界；這迫使我們認識到：世上至少存在著兩個宏大的人類史敘事，而且兩者之間彼此競爭。

關於伊斯蘭教的歷史，以我們的篇幅能談的實在少之又少。這是一段相當美、但也很悲傷的歷史。這是關於一位商人的故事，他在四十歲那年遭遇了人生危機，為了再次找回自己，他遁入沙漠，並在那裡得到了一份改變他整個人生的皈依經驗——而這經驗在長遠的將來改變了全球四分之一人類的生命。這可說是一名頓悟者的故事，關於他的忠信與背叛，關於他如何終結阿拉伯半島多神教傳統，從那裡發跡創建了一個世界性的王國，並以堅定的意志來推行普世的公義與和平。

伊斯蘭最初的夢想其實與馬克思主義的構想相當接近，並且同樣令人感到親切：一個全然公義、平等且樂善好施的社會。順道一提，這個社會一定會提供那些身處其國土中、但未符合伊斯蘭教義的平行社會一些空間。在穆罕默德的直接追隨者以閃電般的速度在地中海周圍所建立的哈里發國當中，猶太人和基督徒雖有些限制，但都過得很好。穆罕默德本人終其一生都與基督徒關係友好；他第一任妻子的表親就是基督徒。他與猶太人也有密切往來，儘管西元六二七年時，麥地那（Medina）發生的巴努古拉札（Banu-Quraiza）部落四百至九百名猶太人遭斬首事件，的確指出伊斯蘭教在運用武力上有些尚待釐清的地方，但這事件絕不能證明（就像人們常宣稱的那樣）穆罕默德對猶太人本身懷有敵意。這件臭名昭彰的瘋狂處決事件並非針對猶太人，而是針對巴努古拉札部族，因為他們背叛了麥地那——至少穆罕默德是這麼認為。《聖經》中以撒和以實瑪利這兩位兄弟，傳說是猶太人和阿拉伯人的先祖，他們之間並沒有什麼深仇大恨；《聖經》上雖有記載他們的母親怨恨彼此，卻沒有任何地方指出兩人互相厭惡；而在那些偽經，即那些後來沒能納入《聖經》正典的書籍的傳說故事裡，也沒見到這樣的記載。

伊斯蘭教從猶太人那裡借來相當多實踐信仰的方法，並做了些改變：儀式性的割禮、沐浴淨身、將食物區分為潔與不潔、齋戒。在早期的哈里發國，甚至在後來的鄂圖曼帝國中，少數民族都能不受限的繼續發展，特別是基督徒和猶太人，他們甚至擁有自己的司法權，以及自己的聖殿或教堂；例如，猶太文化就能照常在諸如開羅等地區繁榮發展，而這種情況在基督徒統治下是絕不可能發生的。因此，最初的那幾位哈里發，也就是穆罕默德直接的追隨者，整體來說必定是相當隨和、謙遜且深具同理心的人。哈里發中的第一位，阿布·巴克爾（Abu Bakr），是名成功的商人，他捐出自己的財產做善事，自己卻過得非常簡樸，甚至偶爾得藉由幫鄰居擠牛奶為生。第二任哈里發歐瑪爾（Omar）[3]肯定是穆罕默德跟隨者當中最令人印象深刻的一位：他就像從童話故事裡走出來的一位公正且善良的統治者。阿富汗裔作家安薩里在《中斷的天命》裡，將他描述成使徒保羅、馬克思、羅倫佐·德·梅迪奇（Lorenzo de Medici）[4]以及拿破崙的綜合體。西元六三八年，他在攻進耶路撒冷城之後，向那群嚇壞的群眾說：「你們就繼續按照自己的風俗習慣過活和祈禱吧！」他甚至還保護教堂以及朝聖者。

那麼，這些亞伯拉罕宗教之間的關係是從何時開始走偏的呢？答案並非十字軍東征，儘管這是十分廣為流傳的觀點。二〇〇一年九一一恐怖攻擊事件發生兩個月後，美國前總統柯林頓在喬治城大學對一群聽眾說：「我們當中那些祖先來自歐洲的人，並非是無罪的。」就連英國的凱倫·阿姆斯壯（Karen Armstrong）——她曾是天主教修女，現在則是宗教學家，以及一系列暢銷宗教書籍的作家——也說，十字軍是「今日近東衝突的直接原因之一」。

在十九世紀以前，穆斯林對十字軍的事可說毫無興趣。從歐洲的觀點看來，十二、十三世紀的十字軍東征當然有深刻的影響：歐洲人為此付出高昂代價、喪失了數個世代成長中的菁英，並得以與一個嶄新且精神文明相當富饒的世界接觸；但是對東方世界來說，十字軍卻

3 譯注：伊斯蘭教史上第二代哈里發，是穆罕默德四大徒弟之一，也是穆罕默德的岳父。
4 譯注：義大利政治家，也是文藝復興時期佛羅倫斯的實際統治者。隨著他離世，他努力維持義大利城邦間的和平也跟著土崩瓦解。

是個發生在邊緣的活動，那些參與十字軍的國家皆地處東方世界的極西邊境。當時，阿拉伯世界實際的中心——開羅、巴格達，特別是阿拉伯半島——對此根本毫無所知，更確切的說，那些阿拉伯高等文明的史家將這些突來的入侵看作是一群原始未開化、非穆斯林，也就是一群野蠻民族的衝撞。對那些阿拉伯人來說，他們所仇視的土耳其人遭受如此的攻擊，一點也沒有不合宜。只有當十九世紀土耳其人所領導的鄂圖曼帝國遠遠落後西方，變成「博斯普魯斯的病夫」，且最終瓦解的時候，人們才想起十字軍這件事，以及那據稱已高漲的對西方的憤怒，因為怨恨總是掩蓋自身無能失敗的有效方法。

其實東西方關係的破裂，更好說是個緩慢漸進的過程。自從十三世紀以後，阿拉伯世界的文化就開始走下坡，可是為什麼會如此，沒有人能給出精確的解釋；許多人甚至稱其為人類史上最大的謎團之一。一連好幾百年，阿拉伯—伊斯蘭世界的發展遙遙領先。當西元七、八世紀，像我們這樣的人還在森林深處到處追捕野豬的時候，那些受伊斯蘭文化影響的國家已經有了寬闊的大道、平整的市街、灌溉系統、港口，還有由監督人員管理的市集：那是一片建設榮景，完全可以跟今日波斯灣的國家相比擬。這片繁榮也因貸款盛行而受到鼓舞——當然最好是借給熟識的人。大規模借貸的盛行，也宣告著權貴經濟時代的來臨。

有個常見的論點認為，早在第四任哈里發（656-661）的時代，當那古老的部族思想又故態復萌，伊斯蘭文化的衰退就已經埋下種子。儘管其後還有很多偉大公正的統治者，至今穆斯林仍稱呼伊斯蘭帝國前四任的領導為「公正領導的哈里發」。那些穆罕默德直接的追隨者，很可能已經實際嘗試要打造一個公義、平等且和平的社會；或許正是因為如此，他們注定要失敗。

阿拉伯人喜歡聲稱，璀璨東方之所以沒落，有很大一部分跟他們民族性中傾向慷慨、騎士精神、自己活也讓他人活等等特質有關，因為這使得他們把經商權交給了那些更為殘酷的土耳其人和鄂圖曼人。這其中也許有點道理。那充滿浪漫色彩的阿拔斯王朝（Dynastie der Abbasiden），也就是每當提起巴格達、《一千零一夜》，以及伊斯蘭的黃金時代，人們便會想起的那個阿拉伯王朝，就已經有一個習慣：他們會將從遙遠國度帶回來的奴隸（特別是土耳其人或斯拉夫人）用作私人特別軍隊或特別部屬。他們會這麼做是基於一個簡單的理由：不信任自己的臣僕。因此，一個新的菁英階層便出現了，但其下的臣僕不信任他們，他們也相對更加不信任臣僕。

儘管社會分裂益發嚴重，卻有利於維持一種世世代代以來人們便賴以生存的忠誠度——對自己部族的忠誠。蒙古人殺戮劫掠、征服了伊斯蘭世界，而後又成了穆斯林；套句團體治療術語，經過這場風暴，整個氣氛再次往殘酷的方向「調了一格」。當時不久前還統治著伊斯蘭世界的鄂圖曼人，原來是中亞地區的游牧民族，他們正是為了逃離蒙古人才會遠遁至此。這批新來的民族根本不信任那些阿拉伯及波斯臣僕，反之亦然。

國家的觀念以及社會共處的觀念，在阿拉伯世界完全無法生根。今天不論你往阿拉伯世界的何處看，沒有一個國家有運作良好的市民社會，或是類似社會團結感這樣的東西。幾乎到處都是獨裁者專政，為他們自己的氏族謀好處，父權主義式的威權君主已是當中最好的情況。不管是在鄂圖曼人的統治下、殖民時代、獨立時期、國家主義盛行的年代，或是經歷了阿拉伯之春[5]，幾乎在阿拉伯世界的各個角落，人們都因為鎮壓、不公義、裙帶經濟，以及徇私舞弊等情況被壓得喘不過氣來，他們只能無助的讓自己的孩子在一個遭受種族勢力及宗派力量無止境侵襲的世界裡長大。一九五六年的蘇伊士運河危機，象徵殖民主義畫上句點，在此之後，樂觀派曾短暫興盛。埃及、阿爾及利亞、突尼西亞、敘利亞及葉門等地，皆由擁護國家主義和進步的政府來統治。一九四九年，胡西尼・阿茲薩因（Husni az-Za'im）[6]靠著一場由美國中央情報局撐腰的政變而掌權時說：「給我五年，我會將敘利亞變成第二個瑞士。」如今引用類似的話，幾乎就只剩嘲諷了。

雖然阿拉伯人在後殖民時代有了自由，他們卻幾乎沒有用它做出什麼偉大的事。儘管數十年來，數以十億計的資金以前所未見的規模湧入阿拉伯世界，卻依舊不曾改變這個事實。

自鄂圖曼帝國分裂及被殖民國家獨立以來，便有大筆資金從西方流入阿拉伯世界，並用於投資油田、煉鋼廠、鐵路、機場，再加上當地的自然資源，阿拉伯人本該搞出許多個瑞士聯邦來才對。但不管是軍事獨裁、世襲君主制（一種典型的阿拉伯式折衷辦法），還是所謂的社會主義國家（格達費〔Gadafi〕[7]實際上就如此稱呼他的國家，他也稱貝都人為「勞動者與夥伴」），所謂進步，其實就意味著鞏固獨裁制度、裙帶關係、權貴經濟，以及暴力統治。在伊斯蘭世界裡，你幾乎找不到可以讓你放心自在的享受法治國家保護的地方。幾十年來，有幾百萬人用腳投票來表明他們更願意住在阿拉伯世界還是在西方世界，特別是那些在蔚藍海岸擁有房產、在日內瓦有銀行帳戶的阿拉伯菁英。

---

5 譯注：是指自二〇一〇年年底，在北非和西亞的阿拉伯國家和其他地區的一些國家發生的一系列以「民主」和「經濟」為主題的社會運動，這些運動多採取公開示威遊行和網絡串連的方式進行，其影響之深、範圍之廣受到全世界關注。

6 譯注：敘利亞軍人，敘利亞第九任總統。一九四九年三月上台後，因為缺乏群眾支持，四個半月後被推翻下台，並被處決。

7 譯注：前任利比亞實際最高領導者、獨裁者。他統治利比亞長達四十二年，是阿拉伯國家中執政時間最長的領導者。

迷人女子

「歐洲」這個觀念在眾多引人入勝的觀念裡占有一席之地。Europa（歐洲）——所有蒙她照顧的公民要記住了——這個字是個東方文字，它出自近東。它首次出現是在一個故事裡，一個名叫宙斯的多情之神想親近一位來自東方的女巨人。這位讓宙斯如此強烈渴求的女子，名字就叫Europa，她是國王的女兒，王國的位置大約是現今的黎巴嫩地區。宙斯誘騙了她，並使她懷了孕。故事到這裡為止還是一個因情慾而引發的犯罪行為，但它有個美好的結局：他們所生的孩子後來成了國王，以正義及深謀遠慮統治著王國。

這個故事是杜撰的，然而從很深的層面來說它很可能是真的。西方的歷史總是始於眾多暴力事件，但後來歐洲不知怎的轉了個彎，創建了文明、法律，以及讓這個地區如此吸引人的所有東西。看來西方人似乎已經找到一個東方人苦尋不著的問題的答案。由此我們又回到了烏托邦這觀念，以及我們真正要談的主題：各種關於更美好世界的觀念。

東方的人們打算在地上尋找樂園，而西方的人們在某個時間點——在經歷了一些血腥試驗之後——總算認清了在地上不可能有樂園，人們所能做的不過是把不完美之處一點一點修補起來。人們之所以不斷重新質疑探問一切現存的東西，是因為他們深信樂園並非單靠人力就能打造，也非人的能力所能及，因此沒有人能夠完全擁有絕對真理——而這就是民主與多元主義背後的原初思想。

因為伊斯蘭教相信完美社會存在的可能性，所以它一定得堅持政教合一；西方則表明不相信完美塵世的可能性，因此教會與國家各走各的路也就再合理不過了——而民主就成了處理諸如眾人一籌莫展或黨派觀點相互衝突等等情況唯一的方法。大約在柏拉圖的學說之後，人們就知道民主並非萬靈藥（群眾煽動者會巧妙的操縱民主等等），但至少在邱吉爾之後，人們就更明白民主是幾個糟糕的政府體制當中最不差的那個。因此，不論這個概念如何被人誤用，也不論有多少卑劣的事假民主之名而行，民主（雖排名在自由後面）或許是人類最棒也最謙卑的觀念了，因為它的出發點乃是以下這個洞見：人不能揭開終極真理的面紗，也不可能永遠在一切事上都比別人懂得多。

根據二十世紀最重要的自由主義思想家卡爾・波普爵士（Sir Karl Popper）的說法，這種「永遠質疑一切」的心靈傾向乃歐洲人天性中獨特的標記，同時，相對於精神層面更靜定的東方人而言，這也是自由的西方人的核心競爭優勢。波普認為，持續性的內在不安感是西方人典型的特質。他用地理特徵來解釋這個現象：在歐亞交界滿是裂縫的畸零地域上，多種差異性極大的文化就像在瓶頸裡交互擠壓碰撞。波普斷言，這狹窄的空間造就了一種特別的氛圍，一種精神上生氣勃勃的心靈特質。他說，歐洲人從早期就一直被訓練要對一切事物不斷重新追問質疑，而由此而生的那種精神正是西方文明得以成功的祕密。波普在他的一篇文章裡極為坦率的問道：我們的文化是最好的嗎？他又以強調的口吻做了回答：「它是最好的，因為它是最富有改進能力的。」只有那股要將自己的想法不斷修正並加以證實的自我約束力，還有那看透世上並沒有通往真理的唯一道路的洞見，才能將西方、將歐洲打造成一個如此吸引人的地方。

難道東方就缺少那股讓西方人保持警醒的不安定感嗎？弔詭的是，是否正是那些大災難、那一連串的驅逐及民族大遷徙、黑死病大流行及宗教戰爭，迫使我們不斷重新思考所有的問題，去探索眾多互相衝突矛盾的世界理念之間有何共同之處以及互相對話的可能，並尋找一些具約束力而又可靠的規則？教宗與帝王之間的摩擦、教會與國家之間的摩擦，是這份不安定感裡決定性的因素，而這正是東方世界所缺少的。

西方所形塑的這股精神當然有其黑暗面，例如文化帝國主義。他們自覺是最樂意去改進的文化，因此也是最高度的文明，由此衍生出想要傳播自身文化的呼聲，難道這不是對所有人都有益處嗎？羅馬人是秉著最大的良心在做這件事，而西方人在過去五百年來也幾乎是不受阻攔的在推行西方文化——而且還自覺做得不錯。曾經，西方人這麼做是企圖將那唯一真正的宗教傳播出去，而今日，西方人則是打著人權和富裕繁榮的名號。

它又來了！那股探問一切的精神。中國人或卡達人不會提出這樣的問題。這就是歐洲人典型精神的第二項弱點：潛在的自我摧毀力。一個人若從不接受任何最終真理，那麼到最後他是否什麼都不信了？那到底還有什麼有價值呢？如果西方人沒有任何基礎性、整合性的觀念，那麼到最後這是否會成為一種弱點呢？

關於這點，波普可能會這麼說：「我們的驕傲應該是：我們擁有的不是一個整合性的觀念，而是許多的觀念。」（當個玩笑順便一提，據說他在私人交際時相當霸道……）我想前教宗本篤十六世拉辛格（Ratzinger）會對此提出異議：只有當一些不可妥協的基本原則存在，也就是當一些恆常不變、不會因為多數人的決定而被廢除的東西存在時，才可能同時存在許多不同的觀念。

我們這個時代的多元文化，也許能結出一個正面的果實：它迫使我們去思考什麼是我們文化的核心本質，也就是那些不可妥協的核心要素。當然，在一個一切事物並列共陳且都有相同權利的世界、一個不論你是相信猶太—基督宗教價值觀，或是相信七千五百萬年前有個名叫茲努（Xenu）的邪惡統治者，將他的子民放到火山裡並用氫彈將他們炸到空中（如山達基教會所說的）都無所謂的世界，去思考自己的文化核心將會日益困難。

沿著波普自由主義的思路走到最後，也有可能會走到一個全然的真理相對主義，因此根本沒有什麼真理是有效的。也許有一天，這些宗教性和自由論的教條將由科學教條取代：一切都可以去做，只要它對人是有用的。這全是按照啟蒙之王康德的學說，他將人變成自己唯一的道德法則設立者。諷刺的是，從規範和道德約束中完全解放出來的人，竟成了自身的威脅。或許Sophrosyne，自我節制，確實是個不差的觀念……

這裡我列出了人類史上最有影響力的一些觀念：

一、**觀念**：最重要的觀念首先就是觀念本身。人需要腦中的圖像以便進行思考。能夠形成某個東西的想法或圖像——不管是石斧、小船，還是登陸月球的火箭——並把腦中的這個概念化為現實，這是人類真正令人驚奇之處。

二、**時間**：在某些文化裡，時間是一種祕傳之學，甚至擁有祕密的曆法。在另一些文化裡，太陽的位置決定了人們一日的作息。十八世紀，英國已經開始以馬車提供載客服務時，英國各地還是使用不同的時間：在倫敦是十二點，而在利物浦可能是十點半。既然當時沒有電話和廣播，標準時間也就無用武之地。只有在工業革命以後，時間才變得有約束力。時至今日，我們甚至有了世界時間，這便是一個明證，說明了時間是人設的，而且是個影響甚廣的觀念。

三、**自由**：個人決斷的自由（例如在善惡之間作抉擇）僅僅讓我們成為具有理性的生物；因此，這樣的自由並非一個觀念，而是已發生的事實。與此相較，政治自由毫無疑問是一種觀念，而且是相當晚近才出現。在人類史的前幾千年，不自由才是常態。

四、貨幣：貨幣是一種發明嗎？將價值附加在貝殼和後來的電腦帳簿上，其實是人類集體想像力的成果。它之所以如此，是我們都一致同意它是如此——人類發明力的一個絕妙成就。甚至連ＩＳ恐怖分子和反資本主義者也參與了這套集體想像。一元就是一元。

五、禮節：中世紀早期，許多不同的地方開始流行起一種觀念，人們想藉由一些特定的行為舉止，讓自己顯得端莊、有文化、屬於上流社會，並由此獲得好名聲。在日本有武士道，在東方有伊斯蘭蘇菲教派，在歐洲則是出現了宮廷禮儀。馬克思主張，貨幣，也就是資本，乃世界歷史的引擎。事實上，推動人類文明進程的是對名聲的渴求，而非貨幣。世界富豪羅曼．阿布拉莫維奇（Roman Abramowitsch）儘管坐擁好幾艘世界頂級遊艇，但他也只有在倫敦購置了宮殿、蒐藏了藝術品，並且受邀到政商界地位崇高的羅特希爾德勳爵（Lord Rothschild）家中共進午餐後，才算達到了目的。

六、國家：如同宮廷禮儀，國家這個觀念出現於中世紀早期，也是人類集體想像力的產物。一個人之前還是匈牙利人，幾年後可能就變成克羅埃西亞人，反之亦然；甚至再過個幾年，大家都同樣拿著歐盟護照，定居在阿姆斯特丹。我在柏林有個不滿八十歲的鄰居，她曾生活在所謂的德意志帝國、德意志民主共和國，還有現今的德國，也就是曾活在三個完全不同的國家裡，但她從未搬離這個城市。

七、平等主義：與人性尊嚴的性質相似，因此真的是個古老的觀念（見上文）。「身為人，我們每個人都擁有一樣的權利」的觀念，能一直延續至現代世界是很奇特的事。美國要到一九二〇年才有全國性的婦女投票權，在瑞士甚至要等到一九七一年才實行。

八、進步：對進步的信念是人類最有力的觀念之一。儘管此信念一再受到打擊與動搖，我們還是持續深信人類會將所有事物往更好的方向推進。事實上，我們到目前為止做得還真是嚇死人的不賴：我們已經將人類的預期壽命變成三倍、降低嬰兒死亡率以及重大致死疾病的數量。儘管世界人口呈爆炸性增長，我們還是能不斷改善人類的生活品質。

九、幸福：一個非常現代的觀念。曾有一個時代，當時的人們根本沒想過要過無憂無慮的生活；在今日，幸福被視作基本權利，而且是可以被製造的——藉由旅行、消費，還有在危急時借助心理藥物。

十、為什麼：「人能夠追問事物的為什麼」這個事實，以及「這個問題終究會有答案」這個想法，是人類最最有力的觀念。最後看來，這或許也是最重要的觀念。甚至連那年老又愛發牢騷的尼采也說過：「一個懂得為什麼而活的人，便能忍受一切如何過活的問題。」

第六章　難道可以捨棄它？

我們也可以用完全不同的方式來說歷史，例如，用藝術！

藝術不是重複那可見的東西，而是讓東西變得可見。

——畫家 保羅．克利（Paul Klee）[1]

在一本老舊且磨損不堪的書裡（這本書[2]是我多年前在維也納一家專賣音樂書的舊書店裡找到的），我找到了以下這個句子：「藉由歷史，我們了解眾多民族的功績與命運，而藉由他們的歌曲，我們得以一窺他們的心。」我敲著鍵盤輸入句話的時候，正戴著Sennheiser耳機

1 譯注：德裔瑞士籍畫家，畫風深受超現實主義、立體主義和表現主義影響，知名作品為〈魚的魔術〉等。

2 作者注：《世界音樂史概論》（*Abriß der Allgemeinen Musikgeschichte*）Bernhard Kothe及Rudolph Freiherr Procházka著，F. E. C. Leuckart出版社，一九〇九年出版。

聽著知名音樂人大衛・吉爾摩（David Gilmour）的專輯《掙脫枷鎖》（*Rattle that Lock*），不管你是否願意，他那把吉他的弦音就是那麼觸動人心（他的吉他「Black Strat」舉世僅有，甚至還有一本以它為題的專書）。同樣的話也適用於切特・貝克（Chet Baker）的小號，或艾夫根尼・紀新（Evgeni Kissin），或丹尼爾・巴倫波因（Daniel Barenboim）所彈奏的鋼琴樂音。

如果我們確實認為人類很特別，因而以人類為中心的世界觀是合理的；或是認為從人類的角度來談世界史很合邏輯；或是從某種角度來看，人類確實獨一無二，因為我們生而有靈；或是我們本該處於一切歷史事件的中心點，那麼，我們就必須留心我們的藝術。

音樂是所有藝術當中最能超越外在感官經驗的。有人說，前蘇聯政治家戈巴契夫在克林姆林宮推動決定性的改革方案前一晚，曾與夫人賴莎（Raissa）出席一場馬勒音樂會，在離去時，他的眼角含著淚水。音樂很可能是最原始的藝術形式，或許也是人類情感最早的翻譯者，是將人類情感化為各種音調的第一個音栓。音樂的起源與神話和傳奇故事密不可分。我們比較能確定的是，音樂之所以出現，與人類的某種原始需求與能力有關：人們需要信仰某種更高的存在，而且有能力覺察到自己是一種雖在受苦、卻為希望驅動前行的生命體。

今日，要是有誰走進了柏林愛樂廳，或是紐約卡內基音樂廳去聆聽一場交響樂，他會覺得自己是來參與上流文化活動。這是相當有趣的轉變，因為直到十九世紀中期以前，音樂一直被認為是比較不重要的藝術。如果是聲樂，或是用來承載文字，音樂還算有些價值。古典文化對音樂的看法是：它必須具備「模仿性」，也就是必須模仿真實的生活世界，或者至少要與現實世界有一定的關聯。在必要時，藝術被允許將現實世界理想化，但如果要具有精神價值，藝術與現實的連結是絕對必要的。

就古典的觀點來看，不帶文字的音樂毫無意義，只是一些沒意思的聲響聚合。十八世紀，巴黎正在流行奏鳴曲時（和歌劇或聲樂不同，奏鳴曲並沒有配合任何動作或文字解釋），甚至引來了像豐特奈爾（Bernard le Bovier de Fontenelle）這樣極為敏銳的啟蒙作家責罵：「奏鳴曲，你到底想怎樣？」連那幾乎用了全身的激情來熱愛義大利作曲家羅西尼（Rossini）的法國作家斯湯達爾（Stendhal）也鄙視交響樂，例如貝多芬的音樂。

正如以賽亞．伯林在他著名的浪漫主義系列演講裡所闡述，[3]音樂能被納入偉大藝術的殿堂，全拜德國浪漫派所賜。德國人在十九世紀裡彈著與其他歐洲人完全不同的調。叔本華的觀點很能代表所有德國浪漫派思想家和藝術家的想法：「作曲家揭示了世界最隱微的本質，並

3 作者注：一九六五年，伯林在華盛頓特區進行了傳奇性的Mellon-Lectures系列演講（地點在國家藝廊，演講時完全不用講稿），部分演講可在YouTube上觀看，也已經編輯成書，並有多種語言譯本。德文翻譯是出自Burkhardt Wolf之手，二〇〇四年由Berlin出版社發行。

用一種連他自己的理性都無法理解的語言，將最深邃的智慧表達出來。」當時的德國人傾向於探索內在世界以及人的非理性面向，因此非常認真的看待音樂；而實事求是且經過啟蒙的法國人對此則抱持懷疑態度。

或許從德國人的觀點來看，音樂是所有藝術中最真切、最強烈，因而也是最有趣的，但我們現在得來談談其他類型的藝術了。我們想在這裡進行一場豬仔奔跑式的藝術史之旅，因此把注意力集中在造型藝術[4]上會是不錯的選擇；而若是要談造型藝術，最好就集中在繪畫上；而若是要談繪畫，最好把重點放在近一千年來的歐洲繪畫。我知道這樣的限縮實在太極端了，不過遺憾的是也沒有別的辦法了。因為如果從法國多爾多涅省的洞穴壁畫開始講起，那講到明天我們也還在這裡。若能看出我們現今生活其中的文化裡的藝術發展軌跡，那也就足夠了。

當人們開始認真看待自己……

我們旅程的第一站是：德國亞琛（Aachen）大教堂的聖物庫。在這裡，我們可以看到洛塔十字架（Lotharkreuz）靜靜陳列在玻璃櫃中，它約莫西元一〇〇〇年時完成於科隆的一個金匠工廠。如果我們仔細看看這件藝術品，中世紀或許就不會顯得那麼灰暗了。

洛塔十字架的前側鑲滿了珍貴寶石，可說是世俗權勢的一種展現。十字架的中間，則有著羅馬皇帝奧古斯都的側身像（儘管羅馬帝國早在很久以前就已經沒落了）。當時，統治歐洲的皇帝的確自稱為羅馬皇帝，但他們其實是德意志人。而奧古斯都在此以多彩浮雕的方式客串演出，因為他代表著羅馬帝國，是「德意志民族神聖羅馬帝國」選定的神主牌。

這座十字架的前側是權力的展示；然而它的背面，也就是「另一面」，卻講述著另一種真理：樸實無華，毫無裝飾點綴。在光亮平滑的背景上，刻了一個正在受苦而垂死之人：耶穌基督。整個作品有種讓人坐立難安的立體感：他的軀體微微傾斜懸掛在那兩條手臂之下，頭部深垂至胸前，太陽和月亮在他的兩側投以哀傷的目光。這樣的刻畫是如此真切，使得十字架前側富麗華美與頭戴桂冠的奧古斯顯得相當世俗，甚至墮落。

今日的我們對十字苦像早就習以為常，因此不再像那些生活在歐洲歷史中相對較為晚期的人們那樣，能體會到那股從苦像中所散發出來的震撼力。最早的基督宗教藝術裡還沒有十字架上的耶穌像，這些藝術品首先要表現的是那些帶來歡欣希望的場景：復活、升天，以

---

4 譯注：造型藝術（bildende Kunst）是指藝術家使用各種可見的創意手法（如繪畫、攝影與雕塑），通過視覺和觸覺的傳播途徑，再現人們生活中的事物，或虛構人們純粹的想像，表達自己對世間萬物的感受和豐富的想像力。

及各種醫治和奇蹟的描繪。在最早期的教堂裡，幾乎見不到十字架的形象，如果有的話，也都是出現在一些很不顯眼的地方，例如西元五世紀落成的羅馬聖撒比納聖殿（Santa-Sabina Basilika）的小門上。

一直要到九世紀，歐洲各處才突然冒出許多十字架圖像，而且主要出現在那些精美的書本封面或內文中。起初人們只是以簡單的線條勾勒出圖樣，並未顯露太多人類情感；然而九世紀中期以後，那份人性情感越來越濃烈。那據稱非常黑暗的十世紀，正是十字架（連同基督苦像）成為基督宗教核心符號的時候。我們只有在回顧時才能感覺到，透過這樣的表現方式，人類自身的價值獲得了提升。一旦藝術開始專心致力於表現受苦的人，它便開始嚴肅的看待他們；人得以將自己視為受興趣與恐懼推動、兼具焦慮與希望的生命體，也有權表達自己的感受與渴求。

起初，歐洲的造型藝術只把目光聚焦在耶穌基督身上；後來有了第二個人：瑪利亞，也就是耶穌的母親。但其實她代表了許多人。這是人類認真看待自己的第一步。若想欣賞這些作品，就去科隆、雷根斯堡，或亞琛大教堂裡的聖物庫走走，看看那些出自第九、第十世紀的禮儀用福音書與祈禱書吧。夠幸運的話，你或許還會發現一些很長很長的蛇！

接下來，我們的第二站來到：北義大利亞西西（Assisi）的聖方濟聖殿。這座聖殿的繪畫從上到下全是由喬托（Giotto）完成——喬托與安傑利科修士（Fra Angelico）都是文藝復興早期最重要的畫家。喬托畫作最有意思的地方不在於它很「美」，其特殊之處甚至不在於他是第一位真正畫出人們真實的面部表情，或衣物自然的皺褶與各式風景的人。它的特殊之處在於：它對當時人的意義何在、它在人們的腦裡喚起了什麼，還有這是一種怎麼樣的解放。透視畫法的出現、對現實景物的描繪，意味著一種全新的人類自我意識誕生了！文藝復興的新穎之處，首先是藝術家不再是無名的工匠，而是搖身一變成為明星畫家。

借助造型藝術來研究一下歐洲歷史是值得一做的工作，因為我們可以從中輕易看出人類自我形象的演變：首先，透過對受苦耶穌的描繪，人類的價值得以提升；再來隨著描繪瑪利亞，婦女的價值也隨之而起；十四世紀，藝術家開始實現自我價值；十五、十六世紀，藝術不但從宗教主題，也從教會裡解放出來。科學及技術創新的偉大時代由此展開。從這時開始，自視甚高的人類不再只視自己為一個受造物，甚至想擔起造物主的角色。

教宗是造橋人[5]

旅程第三站：梵諦岡教宗宮裡的簽字廳（Stanza della Segnatura）。教宗儒略二世（Julius II）於一五〇三年上任，幾年後他便請託當時最偉大的藝術家拉斐爾來為他的退省空間繪製壁畫。當時另一位藝術家米開朗基羅正在替西斯汀教堂的天花板作畫。這是個美好的時代嗎？呃，馬丁・路德把儒略二世叫作「嗜血者」，而當時羅馬人對他的暱稱則是「那可怕的教宗」。他追名求榮且極度自我中心，他想在講究奢華富麗這方面勝過在他之前的教宗們，特別是那位出自波吉亞家族的教宗亞歷山大六世（Alexander VI）。

儒略二世雖是個可憎的傢伙，但若少了他，就不會有這麼多出色的藝術作品了。他聘請建築師多納托・伯拉孟特（Donato Bramante）興建新的聖伯多祿大殿，又請米開朗基羅為自己建造陵墓。暴躁易怒又毫無節制的儒略二世擴建了許多廣場、重新鋪設許多街道，為此還拆了好幾個城區；他完全放手讓建築師伯拉孟特（綽號「摧毀大師」）按照自己的藝術眼光去做。我們一定要想像一下，今天如果有建築師膽敢這樣做，後果會怎樣。在民眾抗議排山倒海而來（相較之下，因斯圖加特二一鐵道重組工程[6]而起的民眾抗議根本不算什麼），且違反所有樞機主教意願的情況下，這位教宗還是放手讓他的建築大師去做。那些具有偉大創造性的建築成就——這點值得一提——有時是伴隨著摧毀而來的。

我們應該更仔細的來觀賞拉斐爾為儒略二世所創作的壁畫，因為它們可說是藝術史上的一個轉折點。這些畫作顯示出藝術已從原本純為宗教服務的目的解放出來，進一步成為將人類置於宇宙中心的藝術。中世紀宗教的世界與近代理性主義的世界，在此相遇且平起平坐。

簽字廳並非只是個退省空間，也是教宗的私人圖書館。我們在這裡要談的壁畫，是這所私人圖書館裡四幅巨型濕壁畫中的〈雅典學院〉。

儒略二世有一千二百本藏書，我們之所以能知道精確的數字，是因為至今仍留有藏書目錄。這些書依主題劃分成四大類：神學、哲學、法律和詩歌。四幅濕壁畫將各區塊的主題形象化，而在各幅畫的下方，對應主題的書籍精美而工整的放置在書架上。那些哲學書籍上方的濕壁畫，正是拉斐爾運用想像力所描繪的〈雅典學院〉，它好似拉斐爾所導演的一場古今偉大哲學家的長袍派對。畫裡雖不到六十人，但這些人物卻形塑出一幅從早期波斯文明貫穿到古雅典的精神史，我們甚至還能在當中看到一位穆斯林學者和一名婦女。在畫的中央，柏拉圖與亞里斯多德（其實兩人的年紀已經相隔一世代了）正站著討論事情，柏拉圖的手指向天空，亞里斯多德則將手伸向地面。

5 譯注：教宗或宗座 Pontifex 這個字是從拉丁文 pons, ponti-（橋），以及 facere（做）演變而來，因此原意即是造橋者。

6 譯注：該工程被部分政客形容為歐洲高鐵網絡現代計畫的一部分，以改善斯圖加特連接巴黎、維也納，終至布達佩斯的鐵路網，企圖將斯圖加特建設為「歐洲的新中心」（Das neue Herz Europas）。重建工程在二〇一〇年二月二日正式開工，但開工之後備受斯圖加特市民抗議阻撓。

如果有人說，用那比真人還大的比例，把這兩位希臘哲學巨擘畫在梵諦岡裡那麼引人注目的位置算是「有開創性」的話，這種講法其實還算客氣。因為距離當時幾百年前，最有良心的基督徒才摧毀了那些古老的異教神殿，以及存放異教書籍的圖書館，當中的希臘哲學手稿只有在少數幾座偏僻的修道院裡才得以倖存、受到研究。然而，這些希臘人卻突然出現在梵諦岡宮殿大廳的天花板中央，好似《Bravo-Starschnitte》[7]的真人版偶像海報，成為所有人驚奇目光的焦點。

為了稍微捕捉那個時代的精神氛圍，我們必須知道，像馬西里奧・費奇諾（Marsilio Ficino, 1433-1499）這樣的學者相當受當時教會器重，他們因為翻譯與注解古代異教文獻而聲名大噪。費奇諾主要是靠他的「黃金線索」（Goldenen Fadens）理論而廣受歡迎，這套理論的核心論點是，有一條線索貫穿全部時代的精神與倫理傳統，這條線從古代居住在美索不達米亞與埃及的迦勒底人、經過亞伯拉罕和古希臘哲人，再延伸到基督宗教，也就是通到當時的現代。費奇諾以一種神祕的方式談論這條線上的六個大型中途站，而六這個數字之所以有意義，是因為在數祕論裡六表示完美，因為表示圓滿完整（在此代表基督）的七隨之而來。而不能不提的是，最終真理只有藉由第七站才得以開啟。

費奇諾將整體人類精神史（包含所有存在過的文明）看作是一場對哲學與宗教真理的壯

闊追尋，而真理在基督宗教裡達致頂峰。一五〇八年，也就是拉斐爾獲聘為教宗宮殿創作濕壁畫那一年的一月一日，羅馬一位神職人員在教宗進行日常儀式的小教堂裡作了一次晨間講道。他用極為讚賞的口吻談論著古希臘的智慧，如痴如醉的講著關於古希臘運動場（也就是雅典青年接受體能及心智教育的場所）、有名的雅典學院、柏拉圖哲學學院（後來被基督徒的查士丁尼大帝〔Justinian〕下令關閉）；他甚至還說梵諦岡是雅典學院的延續，因為君士坦丁堡被穆斯林攻占，拜占庭帝國隨之結束後，羅馬便成了古代思想傳統的唯一庇護所。他談話的大意如下：「如今，既然拜占庭已經消逝，我們必須成為新的雅典。現在，我們就是那必須挺身保衛希臘文化的人。」

實際情況就是，一四五三年鄂圖曼人攻陷君士坦丁堡之後，數以千計的手抄本被搶救至羅馬，一波波前所未見的思想文獻，如浪潮般湧進了當時歐洲精神文明的中心。拉斐爾創作濕壁畫時，羅馬正興起一股雄心壯志，要汲取異教古典文化裡的哲學智慧，並將之融入基督宗教的精神遺產。拉斐爾透過〈雅典學院〉所要傳達的，並非基督宗教屈服於不久前仍受很

---

7 譯注：德國《Bravo》雜誌的一個單元，內容是明星圖像，有時讀者必須連續蒐集幾期的圖片，好拼成一幅完整的真人大小明星海報。

多基督宗教狂熱分子撻伐的古代異教世界。

在教宗的私人圖書館裡，面對哲學典籍的就是那些討論神學的書，而在神學書之上，拉斐爾也描繪了教會裡許多偉大的學者。他在〈雅典學院〉正對面，畫了一幅〈關於聖體聖事的爭論〉。正確來說，其實他的創作順序正好相反。拉斐爾先畫了這幅以教會為主題的壁畫，接著才創作了那幅以異教思想家為主題的壁畫。在〈關於聖體聖事的爭論〉中，我們看到基督端坐在懸浮於空中的寶座上，他的身旁圍繞著瑪利亞、施洗者約翰，還有其他諸如雅各和摩西等《聖經》人物；他們底下是一座祭台，上面擺著盛放至聖聖事（也就是已轉變為耶穌身體的聖體）的聖體光；圍繞著祭台的是那些在教會歷史中最偉大的教會聖師，其中有聖奧古斯丁（H. Augustinus）、聖安博（Ambrosius）、聖多瑪斯．阿奎納（Thomas von Aquin）、聖文德（H. Bonaventura）等等。〈雅典學院〉與〈關於聖體聖事的爭論〉這兩幅畫正面相對，好似在進行一場對話。簽字廳使得那股正在改變世界的力量變得可見：基督宗教的思想與古代思想的相遇。

所有文藝復興的大師都閃耀著光芒嗎？

人們喜歡把文藝復興稱作近代世界的開端，而主要提倡此說法的人要算是那年老的狂熱者布克哈特了。基本上，我們現在都用Renaissance這個詞，而不是用更恰當的義大利文rinascità 一詞來談這個據說是專屬於義大利的現象，都要歸功於這位巴塞爾人，而他是向一位法國歷史學家借來的觀念。[8]布克哈特的著作《義大利文藝復興時代的文化》（*Die Kultur der Renaissance in Italien*）於一八六〇年首次出版，之後無數次再版。他在書中主張，一直到光榮輝煌的十五世紀開始以前，人類意識都受到一層薄紗籠罩而處於「半夢半醒」之間，而這層薄紗是由「信仰、幼稚的成見以及妄想」編織而成。唯有藉由人類理性所帶來的解放，以及遠避宗教，人類才能實現他真正的使命，獲得真正的知識。他將中世紀集體式的精神與文藝復興時期個體的覺醒加以對立。

許多歷史學家對布克哈特這種壁壘分明的尖銳對立言論深表不滿。例如，偉大的荷蘭文化史家約翰．赫伊津哈（Johan Huizinga）曾在一九二〇年寫了一篇關於文藝復興概念史的研究，他大大挖苦諷刺布克哈特這種文藝復興狂想：「他直視著十五世紀義大利的燦爛陽光，當然認不清楚周圍的其他東西。至於他所看到的那一大片遮覆中世紀歐洲人心靈的薄紗，我想

8 作者注：文藝復興這個概念首次出現在朱爾．米榭勒（Jules Michelet）於一八五五年出版的法國文化史著作《法國史》（*Historie de France*）。

有一部分是因為他自己的相機出了點問題。他把中世紀晚期義大利的生活和其他地區的生活之間的對立看得太嚴重。」難道人的個體性不是在第九世紀（今日稱那段時期為卡洛林文藝復興）出現的眾多十字架圖像裡就已露出端倪了嗎？再者，如同赫依津哈從荷蘭人的角度所正確指出的，就算真的有那麼急遽的轉變，布克哈特所幻想的人類意識的覺醒難道就不會在義大利以外的地方出現嗎？

我們在此遇見了一個所有回顧式的歷史觀察法皆會遇到的難題：事後歸類。文藝復興這個概念是一個標籤，一個很有幫助又很實用的標籤，但就是個標籤或牌子而已，我們拿它來貼在一段相當長的時間上，也就是大約始於一三〇〇年左右，然後結束於一六〇〇年前後；更精確的時間點，其實沒人能確定。因此困難點在於，在為這個橫跨三百年的歷史發展貼標籤時，要小心不要落入那種過於狂妄且帶點吹牛的時間話術。當時的人文主義學者的確很可能也將過去的時代看作迷信且野蠻的時期，但這完全不表示我們一定要附和他們的想法；而且歡欣鼓舞的迎接文藝復興，並不一定就得貶低看輕哥德時期。

我們必須牢牢記住一點：文藝復興時代的那些王侯藝術家，個個都是自我表現的大師。一切都是新的！人的心靈是塊白板（Tabula rasa）！[9]全新的開始！我們都愛這種簡單又好掌握的口號，而且喜歡用這些口號來迷惑自己。拉斐爾並非只是管控一個大型藝術工廠的統治者而已（工廠藝術家都在他響亮的招牌底下為他工作），他還擁有一大群公關軍團（他得付錢給他們），為他在這個世界上猛力宣傳拉斐爾的名號。當他接到一份委託契約，不管是為梵蒂岡宮殿裡的退省空間，或是為銀行家基吉（Agostino Chigi）法爾內西納別墅（Villa Farnesina）裡的私人空間作畫，我們都不該把他想像成一個獨自默默專注於工作的藝術家。這整個團隊有著類似現在好萊塢百視達製片公司的活躍程度，而拉斐爾則是史蒂芬．史匹柏（Steven Spielberg），集製片、導演、劇團經理於一身，指揮調度著一大群藝術家。

至少在這一點上，文藝復興時期毫無疑問的可作為一個時代分界線：藝術家的地位已經遠遠超越工匠，朝明星的方向邁進。雖然話是這麼說，但十三世紀的雕塑家喬凡尼．皮薩諾（Giovanni Pisano, 1250-1315）就曾在比薩的藝術作品裡安插了一座自己的塑像，而類似的事早在哥德藝術時期就有些天才石匠偷偷做過；也有一些出自漢斯和克隆尼（Cluny）地區的石雕大師曾像明星般周遊整個歐洲，為各地的教堂施工（儘管沒有像麥可．傑克森的世界巡迴演唱會引起那麼大的歡呼）。

---

9 譯注：白板是認知論的一個主題，認為人生來沒有內在或與生俱來的心智，是一片白板，所有的知識都是逐漸從他們的感官和經驗而來。

那麼，文藝復興是從何而起呢？如果把人文主義的自我意識定義為藝術家式的愛現與狂妄自大，那麼早就已經有這樣的情形了。不過就實際情形來看，有一件事倒是新的：藝術家終於在此與純粹宗教性的主題分道揚鑣。在裝飾法爾內西納別墅的時候，拉斐爾不再停留在宗教題材裡，而是畫出俊美的新星：兩位希臘神祇，愛神與賽姬（Amor und Psyche）。首次斗膽將性的題材帶進藝術裡的是波提且利（Botticelli），他畫的維納斯是藝術作品中第一位伊莉娜·莎伊克（Irina Shayk）[10]，全身每個毛細孔都散發著性感的氣息。附帶一提，這維納斯的下半身是那麼光滑潔淨……一五〇〇年有熱蠟除毛術？如果去看一下那些古代雕像的話，就會發現他們身上都沒有陰毛。

談到文藝復興這個主題，那些南歐的專業公關所製造出的噪音，往往誤導歷史學家過度聚焦於義大利；這點當然也要歸咎於布克哈特。從某方面來看，其實這也可以理解。如果我們將「古典希臘文化的再發現」稱為文藝復興，那麼人們自然會去遊歷探訪那些擁有大量這類歷史文物的地區，而歷史學也傾向關注史料較為豐沛的地區。北方文藝復興所遭遇的困境是，歷經了宗教改革的毀壞聖像運動[11]，很多極精美的藝術作品，如荷蘭的畫作，難以倖存。揚·范·艾克（Jan van Eyck）和羅希爾·范·德·魏登（Rogier van der Weyden）[12]的重要性，其實與拉斐爾和米開朗基羅不相上下，但是他們流傳下來的作品實在少太多了。在當時，安特衛普和佛羅倫斯是同等重要的經貿重鎮，但是北方人不像義大利人那樣喧嚷，因此當時也就沒有保存那麼多北方藝術家的作品，以致時至今日，能讓歷史學家仔細鑽研的藝術家數量少多了。

但是北義大利與眾不同是個事實：從很早開始，這個地區就受惠於一群活潑的城市所組成的經濟文化網絡；而且這裡很早期就有運作良好的銀行，並且有非常多富人靠著贊助、推廣藝術來博取名聲，因此藝術得以在此繁榮昌盛，無與倫比。另外，有一個新的情形同樣適用北方和南方：不再只有教會拿得出錢來進行藝術活動，許多靠著經商而發達富裕的平民也會。從一個像梅迪奇這樣做生意的家族裡，也能培育出許多教宗和法國皇后。歐洲早期也曾廣泛在各地興起藝術浪潮，例如哥德式藝術，但是靠著名聲來為藝術的火苗煽風點火，的確讓文藝復興時期的藝術得到一種全新的動能。背後的理由是：透過商業及借貸，一群新的

---

10 譯注：俄羅斯裔名模，一九八六年出生。

11 譯注：十六世紀中葉前後，新教徒基於宗教甚至是政治的因素，曾在歐洲各地摧毀聖像與畫作。一五六六年，荷蘭與比利時發生了多起嚴重的毀壞聖像事件（iconoclasm），導致當地宗教藝術瑰寶一去不返。

12 譯注：兩者皆為早期尼德蘭畫派最偉大畫家，與羅伯特．坎平（Robert Campin）並列早期弗拉芒三大藝術家。

菁英分子得以嶄露頭角，而他們總是想著要如何展示自己的地位，並盡可能的把其他人比下去。藉由對豪華和美的追求，這一切便以一種令人愉悅的方式完成了。

至於為何討論文藝復興時總是偏向義大利，其實還有一個常被忽略的理由：對十五、十六世紀的整個歐洲而言，雇用義大利藝術家是很「夯」的事。那些遊歷過義大利的藝術家，哪怕只有一次，在當時就是大家爭相喊價的搶手貨。像匈牙利國王馬加什一世（Matthias Corvinus，他真實的名字是匈雅提〔Hunyadi〕，但是當時的人也會幫自己取一個拉丁文名字）就說，他無法想像一個缺少來自北義大利藝術家的宮廷。義大利這個名號之響亮，也讓一些在該國無法受人垂青的二流義大利藝術家，成群轉往國外發展……

那現代藝術又是什麼呢？

當藝術家不再受制於教會預先設定好的聖像畫形式時，當他開始發現自己具有想要實現自身理念的藝術家人格時，藝術家就從單純的工匠變成有創造力的導演，他決心要用他的方法傳達教會的訊息，也要用他個人的靈感來增添此訊息的意境。這件事在哥德時期的後期已然發生，但在文藝復興時期才真正活躍起來。因此，我們旅程的第四站不是紐約的當代藝術博物館，而是又來到亞西西的聖方濟聖殿。

隨著可以在公開場所盡情發揮的藝術自由的出現，現代藝術於焉開始，而在一二九〇年左右，喬托便敢於實現這份自由。隨著喬托出現，那道通往藝術創作自由的大門便開啟了。合乎邏輯的下一步便是，藝術家開始將他個人所認為的真實用畫筆畫出來。再下一步，藝術便成為「風景畫」（malerisch），藝術家有意識的留下一些線條不畫。雖然帶了點遲疑，丁托列托（Tintoretto）是最早嘗試這麼做的畫家之一。之後的林布蘭（Rembrandt）已經算勇敢多了，不過他還是先嘗試在自畫像和那些能理解他的贊助人的畫像裡才這麼做。在一七七〇年代古典主義再次蔚為風潮時，他便被嘲諷為「塗鴉者」。

從某個時候開始，人們開始玩弄起知覺經驗。十九世紀的印象派畫出視覺經驗本身，因而在開始的時候受到不少譏諷。表現派不再畫下他們所看到的，而是他們所感覺到的。在極不幸的愛德華．孟克（Edvard Munch）於一九一〇年完成他〈吶喊〉的最終版本，並將他的內在體驗向外傳達時；在畢卡索（Picasso）和布拉克（Braque）同時畫出多重視角，並將許多平常的素材融入其畫作時（在這個工業的時代，這是唯一合邏輯的作法）；在卡濟米爾．馬列維奇（Kasimir Malewitsch）在一九一五年展出了他的〈黑方塊〉，以及幾年後蒙德里安（Mondrian）展出了他畫的幾何圖案時，藝術也就走到了必然的終點，而這也正是未來主義者和達達主義者所斷言的。剩下來能做的，就只有把那些工業化大量生產的產品轉化成藝術了。杜象（Duchamp）把小便斗放在博物館展覽時，誇張程度應該無人能出其右了。接下來出現的作品在本質上都是師法前人，當然還是會出現一、兩件大師級作品。

約瑟夫・博伊斯（Joseph Beuys）[13]將理論本身（也就是知識的使用說明書）變成藝術；戰後十年的抽象表現主義；頌揚日常文化的安迪・沃荷（Andy Warhol）；凱斯・哈林（Keith Haring）和尚—米謝・巴斯奇亞（Jean-Michel Basquiat）的塗鴉藝術；安瑟姆・基弗（Anselm Kiefer）[14]如同啟示錄般的幻象；影像藝術、Happenings[15]、遊民藝術[16]、糞堆[17]——這些全都是藝術史末期強有力的結尾注腳。如果我們願意這麼想，事情總還是有說完的時候。

如果要讓一個外星人稍微領會我們這個世界的藝術精神史，而且只能借助十張圖像，什麼是他非看不可的？底下有十個必看圖像的建議（其中有一個例外）：

一、**第一批洞穴壁畫（大約在西元前四萬年）**：這些壁畫很可能是獻祭儀式的一部分。

二、**梵諦岡博物館觀景殿的阿波羅雕像（西元前四世紀）**：代表了古代藝術。

三、**凱爾特儀式用頭盔（西元前三世紀）**：有許多民族因為全球化而遭到排擠，有的甚至消失已久。這件藝術品代表其中一個民族的藝術。

四、**漢斯聖母大教堂（於一二一一年始建）**：很可能是最完美的純哥德式建築，因此代表了中世紀的基督宗教藝術。

五、拉斐爾的〈雅典學院〉（一五一〇～一五一一年）：這幅壁畫代表了人們脫離了基督宗教藝術中的束縛。

六、哥雅（Goya）的〈裸體瑪雅〉（一八〇〇年前後）：這幅畫是出於情色的理由而放在這份名單中。它是當代藝術史上第一幅自然而不加掩飾的少婦情色肖像。

七、梵谷的〈向日葵〉系列畫作（一八八八年）：它們完美的整合了印象派（將印象畫下來！）和表現派（將自己表現出來！）兩派的極致之處。

---

13 譯注：著名的德國行為藝術家，其作品包括各種雕塑、行為藝術，信奉人人都可以是藝術家的觀點。代表作如〈如何向死兔子講解圖畫〉、〈油脂椅〉等。

14 譯注：德國畫家、雕塑家，是德國新表現主義的代表人物，曾師從博伊斯與彼得・德雷爾（Peter Dreher）。基弗在作品中反思直視過去，納粹是其作品的重要主題之一，如呼應策蘭名作〈死亡賦格〉（Todesfuge）的稻草帆布油畫〈瑪格麗特〉。

15 譯注：Happening 一詞指的是可被認作藝術（通常指行為藝術）的表演、事件等。這一概念最早在一九五〇年代由美國畫家阿蘭・卡普洛（Allan Kaprow）提出，用於描述一系列與藝術有關的事件。

16 譯注：丹麥前衛藝術家 Kristian von Hornsleth 的作品，他雇請十位遊民，將追蹤器放在他們身上，再以藝術品的方式販售，使買家可以隨時跟監遊民的行蹤。

17 譯注：美國藝術家 Mike Bouchet 曾展出以人類糞便為主要構成的藝術作品。

八、馬列維奇的〈黑方塊〉（一九一五年）：被視為原型，是那「從無中生出的有」，後來成為藝術史末期開端的象徵。

九、安迪·沃荷的〈Campell牌湯罐〉（一九六四年）：是一個實際上能在超市買到的箱子，裡頭裝著番茄湯罐。沃荷在一九六四年首次在Castelli藝廊展出這個作品，藝術家（再次？）完全退到物品背後。如今藝術成了大眾物資。

一〇、美國電影導演泰倫斯·馬利克（Terrence Malick）的電影《永生樹》（二〇一一年）：談到藝術而不提表演藝術是件荒謬的事，因此由不同於常人的美國伊利諾州電影天才所拍攝的這部當代影片，代表了所有偉大的舞台劇和電影史詩片。

第七章　從亞當到蘋果

超級棒的發明……可惜的是，它們從未替人類帶來過幸福

總的來說，機器的發明加劇社會裡的勞力分工，簡化工廠工人的工作，使資本更為集中，也使人變得更加破碎。

——馬克思

要寫人類發明史真是一件屎差事，而且是就字面意義上來說。因為如果人們想認真討論人類史上最重要的科技成就，就必須先來談談關於消化的事。在那遙遠的時代，人類最最重要的一個發現，就是學會如何用火。這項技能使得我們最早的老祖宗從生食轉換到容易消化的熟食，結果人類的腸子隨著世代演化越來越短，因此需要花在消化上的時間與能量也越來越少，也因而有更多的營養來供給腦部成長。

若少了這項駕馭火苗的關鍵技術，那麼正如希臘人在普羅米修斯神話裡所言，我們絕不

會變成如今的樣子。我們並不清楚馭火技術確切的出現時間，只知道距今大約三十萬年前，火在很多地方就已經是人類日常生活的一部分了。最早用火的地區大概是現今的南法——是啊，法國人一向重視吃頓暖呼呼的熱食。這項技術將人類文明大大向前推進。在當時，距離上一個重要的創新發明——用長矛來抵禦野獸——已經是遙遠的十萬年前的事了。

繼馭火技術之後，武器方面則出現了不只是用來抵禦野獸、而是用來獵捕牠們的工具。有了刀，以及各種一再更新且更講究的工具。大約西元前三萬年起，技術創新的步調便開始加快：有了箭和弓，還有製作精密的武器；再過兩千年，便出現了燈、鍋具，以及漁網。大約西元前一萬年前起，也就是農業革命時代，技術創新的數量便大為增加，並且以飛快的頻率一個個接踵而來，從犁的廣泛使用（約西元前四五〇〇年）到輪子（約西元前四〇〇〇年）以及軛的普遍運用（約西元前三五〇〇年），就只有幾百年的時間而已。

各項開創性的科技突破，以越來越短的時間相繼出現。我們可以把這樣的進步節奏想像成是一種音訊：每個開創性的科技創新就是一個聲音。起初，從一個音出現到另一個音，其間經歷了無比漫長的時期，漸漸的，間隙越變越短，直到音訊突然開始以加快的節奏出現。這有點像汽車的倒車感應器，只是這音訊跨越了幾百萬年的時光。剛開始每一百萬年出現一個音，再來每五十萬年出現一次，然後是每一萬年、每一千年、每一百年……直到兩個音之間幾乎沒了間隙：一七六九年有了蒸汽機、一七八六年出現了織布機、一七九九年則發明了電池；最後每個音訊以斷奏的方式迅速湧出：一九四一年電腦出現、一九四二有了原子反應器。到了某個時間點之後，已經成了連續不斷的音訊。這個現象意味著什麼，是現下美國知識分子正熱烈討論的問題。一個廣受歡迎的理論是：這意味著所謂「科技奇點」（technologischen singularität）的時代將要來臨。

雷・庫茲威爾（Ray Kurzweil）對此堅信不移。他是谷歌特聘的哲學家（雖然他掛的頭銜是工程部主任）。他確信，在科技奇點的時刻來臨時，機器將會超越我們。屆時，我們再也不能支配科技，而是科技支配我們。庫茲威爾宣稱他已計算出這個連續不斷的音訊將在二〇五〇年出現，屆時人工智慧將會有能力創造出新的超級智能體，而後者甚至能再創造出更上乘的超級智能。

目前矽谷投入最多資源的研究領域，便是這些能夠自主學習、無需人類指令便能自行建立連結與模型的電腦程式。二〇一〇年，谷歌在兩個月內接連買下數家機器人與人工智慧公司。二〇一五年，美國投資銀行巨擘美林集團發表了一篇長達三百頁的研究報告，其中指出機器人學正是未來世代的關鍵科技。此專家研究毫不懷疑的將機器人學列入現代世界最偉大的科技革命之一，它的重要性就跟蒸汽機、量化生產，以及電子學沒有兩樣。這份研究也預測，大部分的工業國家到了二〇四〇年，現存產業大約會有一半的工作被機器人取代；而在某些產業，例如工具機、汽車以及食品工業，這個趨勢將會發展得更快。德國電信總裁提摩太・赫格斯（Timotheus Höttges）說，長遠來看，「所有勞力工作將完全由機器完成」。

英國經濟學家凱恩斯（John Maynard Keynes）早在一九三〇年就預言：一百年後，每週工時將縮減至十五小時，剩下的則是閒暇時間。但他沒有預料到整個世界的人口會急速增長，目前是每十二年就增加十億人。而在此同時，需要的人力又越來越少。過去的幾百年來，西方社會越來越重視社會正義，也因此無可避免的得去處理由眾多待養活人口所帶來的各種新問題，否則我們就必須忍受各種新的不平等。醫學的進步加深貧富之間的差距，而且這個現象已經是現在式。一個人若是得了重病，那麼他是生活在烏克蘭或德國（而且保了全險），或者他是生活在美國的億萬富翁，這之間將會有極大的差異。而現今醫學及基因科技的最新發展，將更加劇烈的助長這個趨勢。

至少從一萬年前起，人類便開始以令人驚訝且急速提升的技術來操控環境。而現在，我們不只能夠根除疾病，甚至還能實際參與創世的工程，這可是人類史上頭一遭。科技世界的創意中心矽谷有一條決定性的信條：「凡在技術上可能的，就是好的。」關於這點，哈拉瑞認為我們已經準備要超越晚期智人的極限，並且把自己提升成一種全新的生物體。他說：「或許有一天會出現某種生物體，他們將以自傲的眼光看著我們人類，就像我們自傲的看待尼安德塔人一樣。」

那位谷歌先知庫茲威爾也談到了人類2.0：人類的基因最優化之後，下一個科技前瞻研究便是將人類升級成改造人（Cyborg）。所謂改造人，就是一種經過生化、生理或電子技術改造的人。嚴格來說，其實我們身旁已經有許多改造人了，例如那些安裝了機械手臂或現代植入式助聽器的人們。美國海軍正在試驗一些植入神經元的動物，他們希望未來能夠藉此操控動物的行為，比方說用改造鯊魚來進行水底戰。

谷歌的祕密實驗室Google X投入數十億美金研究奈米科技，而不論從軍事或醫學角度來看，奈米科技的應用都非常有趣。例如，想像有一種奈米粒子，你可以藉著藥片把它吞下肚，這種粒子會早在腫瘤形成之前，就在人體血液裡找到癌細胞的蹤跡。而讓那群圍繞著庫茲威爾等人的「科學社群」[1]（這群科學家驕傲的如此自稱）最為興奮的計畫，是探索人腦與電腦交會處。現今的技術已經能夠用電腦來解讀人類腦部的電子訊號，並藉此操縱機械手

1 作者注：附帶一提，這群人常在http://edge.org/這個討論平台上交流，並在上頭發布最新的研究論文與相關討論。

臂。下一步將會是試著把人腦串聯起來，到時人們便可以將他們大腦的內容下載至硬碟，並且連接到電腦上。哈拉瑞問道：「當人腦得以直接進入並汲取那無邊無際的人類集體記憶，人類的記憶、人的意識，以及人性的認同，將會發生什麼事呢？這樣的改造人將不再是一個人，也不再是一個有機體，而是某種全新的東西。」

我們的父執輩尚能對未來做出一些判斷，而且是符合我們現在的情況。我十歲時問父親說，我五十歲時會生活在怎樣的世界裡，他當時還能給我一個滿不錯的預測，儘管手機跟平板電腦當然不在他雷達的偵測範圍之內。但現在，當我的兒子們問我，四十年後的世界看起來會是怎樣，我只知道它將和現在完全不同。我母親曾說：「首先，一切都會變得不一樣；再來，會變得比我們想像的更不一樣。」沒有什麼時代比現在更符合這句話所說的情況了。

一八七四年，馬克思・普朗克（Max Planck）想研究物理學時，人們都勸他趕緊打消念頭，因為物理學的所有核心問題老早被研究光了。但他還是攻讀了物理，而且還徹底翻轉從古到今所傳授的物理學。我們這時才知道，原子是依循一套與我們這個可見世界完全不同的自然法則。然後是愛因斯坦，他再一次徹底改變了一切。從此我們才知道空間本身會彎曲、也會膨脹，所有已知的時間定理也都失效了。過去五十年，這世界因為科技進步而改變的速度既讓人擔憂，也令人振奮。從愛因斯坦發現物質能轉換成能量，到廣島、長崎被原子彈轟炸而燒成灰燼，只經過了四十年。以這樣爆炸性的速度發展，現在人們幾乎無法想像五十年後的世界會是什麼模樣。

DIY！最棒的配方

在此期間，人類已經深入大自然奧祕的底蘊，關鍵的時間點要算是二〇〇三年的人類基因體解碼。再過不到十年便出現了一種稱為CRISPR的技術；靠這項技術，即便在任何三流的實驗室裡，人們也能精確的將DNA定序，以便精準篩除某個特定基因。從此之後，無需艱巨的技術和昂貴的花費，就能篩除諸多遺傳疾病，也能從其他動物取得大量替代器官。

一個新紀元已然展開，從此人類與大自然共同決定人的生物條件。甚至還出現一個專業術語來表達這個時代：人類世（Anthropozän），也就是人類的時代。我們從此不再生活在全新世（Holozän，約始於一萬二千年前，當時地球氣候暖化，為人類帶來一個非常舒適的時期），而是在一個新時代，換言之，一個人與自然共同掌管萬物的時代，而且範圍還不局限於生物學。現在已經出現一些如何控制地球氣候變遷的模型——地球工程（Geo-Engineering）——以便將變熱的地球大氣層冷卻下來。

這聽起來是很了不起的成就，許多人也非常樂見其成，但我們還是不該因為我們能夠宰制大自然而太過自負。正如旅居德國的英國哲學家史蒂芬・凱夫（Stephen Cave）所說，我們在地球上留下的痕跡——森林砍伐、全球暖化、物種滅絕，以及其他更多遺毒——的確就是「人類統治下的副產品」。他也同樣參與了這場人類世的大論辯[2]：「人類世既是我們卓越也是我們失敗的明證。」

有個與此相關且極為有趣的問題是：人類那股創新發明的精神、那股將我們一路引領至此的力量，到底是從何而來？凱夫也就這點做出回答。他在其著作《不朽》（*Immortality*）中提到，這股創發之力的核心關係到人類自亙古以來便想征服死亡的渴望。它就是整體人類文明的推動力。他寫道，人類為求持續存活所做的奮鬥，常常被賦予某種神祕或形而上的色彩，然而它其實是這世上最自然不過的東西。「最高聳雄壯的山岳，也正如海濱那些最渺小的細沙一樣被動的受到侵蝕，但即使是最微小的有機體也會發揮全力，抵抗大自然以及敵人的猛力進擊。我們所遇見的每一隻貓、每一棵樹，以及每一隻金龜子現今之所以能夠生存，正是因為牠／它們的祖先在保存自身及其後代的能力是最出眾的。……若有一隻毫不費心躲避蛇和貓頭鷹的老鼠，肯定會迅速遭到捕殺，而牠的基因也就隨著牠而消滅了。」

凱夫最後將人類描繪成天才型、鮮少能被超越的動物。這讓我們想起那位偉大的無神論及演化生物論者理查・道金斯（Richard Dawkins），他不帶情感但正確的將我們描述為「生存機器」。道金斯所指的「我們」不只包含人類，也包括動物、植物、細菌、病毒，以及包含地球本身在內的所有有機體。那麼人類有辦法靠著自己的科技長才讓自身長生不朽嗎？不太可能。但人類所做的各種努力看起來都歸結到這個目的。

歐洲實驗室

研究與創新的精神原本就深植於人性之中，而且在人類早期最晦暗的時代就已經存在。在幾個早期的高等文明中，發明家得以發揮其長才的，要算是中國以及兩河流域了，而古希臘則被視為是近代科學的誕生地。羅馬人算是了不起的最新科技應用者，而就高端技術、街道照明、運河開鑿，以及地上、地下工程等方面來看，中世紀早期的泥水匠及建築工同樣可說是早期的新科技採納者。

到底為什麼恰恰是歐洲開展了這麼一股爆炸性的創造動能呢？小麥的種植雖然始於東方，但狹小耕地的利用以及農業的工業化生產卻發生在歐洲；貨幣是腓尼基人發明的，但系

---

2 作者注：參見 Stephen Cave, 'The Age of Anthropocene: Masters of the Earth', *Financial Times*, London, 13/12/2014。

統化的使用卻是在歐洲；借貸機構是美索不達米亞地區的發明，而十二世紀穆斯林也有過系統性的借貸生意，但第一批大型銀行卻出現在義大利北方；火藥是中國人的發明，但中國人主要用它來製造煙火，直到歐洲人拿到這五光十色又劈啪作響的火藥，才開始把它用做系統性的大規模殺人武器。為什麼歐洲人總是會用比別人多兩倍、三倍的精力，把落在他們手中的所有東西好好探索鑽研一番，再把它們變得更為完美，並且工業化呢？

雅斯培對此有個原創性的論點。就他看來，西方人那種非得把所有東西徹底鑽研探索的精神特質，其實深植於中世紀基督教的思維。通常只要有人提到典型的歐洲發明研究精神，人們就會聯想到古希臘。儘管古代雅典人在數學、幾何、天文、醫學，以及其他自然科學的成就極為輝煌，但就像芬利爵士在其書中所寫，對那些自命不凡的希臘人而言，做研究本身更可以說是一種令人愉悅的貴族式消遣。古希臘的思想家之所以從事科學研究，是因為他想用一種高尚的活動度過閒暇時光，而不是出於嚴肅的興趣，或想要具體應用此知識。在那幅著名的〈雅典學院〉濕壁畫裡，柏拉圖的手會向上指著雲端其實是有理由的，因為他關切的是理念界以及那些崇高的理型，而非現世的汙泥塵土。

相反的，在充滿基督宗教的中世紀，從事研究是一種類宗教的活動。事實上，在古羅馬帝國崩潰後，中世紀的修道院即扮演著教育及學問綠洲的角色。雅斯培寫道：「聖經宗教的精神氛圍裡會不惜代價的要求真實……而認知就好似去思索神的思維想法……而神作為創造的行動（套一句路德的話），甚至也臨在於一隻蝨子的腸子裡……那無條件要求我們去尋求真理的神，不願意人們藉由虛妄的事物來了解祂。」

要是我們把目光聚焦在那個時代的偉大學者，比如說聖多瑪斯．阿奎納的老師大阿爾伯特（Albertus Magnus），那麼很快就能戳破中世紀基督宗教與科學研究敵對的陳腐觀點。這位來自施瓦本地區（Schwaben）的貴族大約生於一二〇〇年，既是神職人員，也在巴黎大學教授亞里斯多德的邏輯學說，之後又創立科隆修道院附設學校，也就是科隆大學前身。

或者我們也可以看看羅傑．培根（Roger Bacon），他和大阿爾伯特與阿奎納是同時代人，也同樣是神職人員。這個牛津的方濟會修士是當代最偉大的研究型天才，而且被視為經驗論方法學的創始人。他指出人們知識閉鎖不前有四個原因：一，過度服從權威；二，習俗；三，依賴他人看法；四，不受教。他是名激進的基督徒，甚至嚮往神祕主義，但是靠著他提出的方法論，而被視為近代第一位科學家。早在一群無神論者強占啟蒙推動者稱號的幾百年前，他便已經是個啟蒙推動者。而培根師承羅伯．格羅斯泰斯特（Robert Grosseteste），此人成長於極其貧苦的環境，最後擔任英國主教，以研究光學、氣候、時間等諸多自然現象，並以身為亞里斯多德邏輯學大師著稱。

歐洲人在啟蒙時代開始鬆綁各種宗教禁忌與累贅後，雅斯培所謂的「對神的冒犯」[3]在這時代裡演變為人對神的直接挑戰，直到人們最後能夠完全把神晾在一邊，並且讓自己坐上造物者的位子。而這正是一個人們經常透過各種神話以及故事去闡明的主題。

關於世界方程式這件事

對歷史書的作者而言，訴諸那些半歷史性、經口頭傳述並帶有傳說色彩的故事，並不是用來逃避的緊急出口。有時候，正是因為這些故事的質樸無華，使得傳說比精確的資訊蘊藏更多真理。

流傳至今最古老的史詩，當屬巴比倫的《吉爾伽美什》，這個史詩講述的是一個世上最有能力的人、一位擁有一切並征服了所有敵人的國王。有一天，他最好的朋友死了，那時他便下定決心要征服死亡。他一直尋找到世界的盡頭，與巨人和半蠍人纏鬥，最後真的拿到永保青春的藥草。但在故事最後，藥草被偷了，而且還是一條蛇幹的。他只好摸摸鼻子返回王城烏魯克，在那城裡有位女酒保，她在酒吧裡責備了他一番，並且讓他明白人應該活在當下並且接受死亡，而非到處悲嘆訴苦。

如果吉爾伽美什早點去酒吧找這位女酒保，那他老早就能了解這個道理，而且整趟冒險旅程也可以省了……但是若沒有這些冒險經歷，他的故事也就沒那麼好聽了。而眾所皆知的，亞當夏娃故事的結局就不是那麼美好，在這個故事裡，人類那股想要獲得全知以及想與神等同的渴望，招致嚴重的懲罰；而如果普羅米修斯的故事聽起來比較真實，那麼這位將火種及進步帶來地上的人所受的懲罰，也幾乎同樣嚴峻：被綁在高加索山上的一顆岩石上，而且老鷹每天都會來啄食他的肝臟。

俄國文學大師杜斯妥也夫斯基（Dostojewski）也曾鼓起勇氣探討這個主題，他思考著為何人們會如此熱中於支配宰制大自然。在他的小說《卡拉馬助夫兄弟們》裡，宗教大法官有一段著名獨白，背景正是西班牙宗教迫害最盛的時期：當賽維亞（Sevilla）的火刑木材堆正燒得火紅之際，耶穌基督突然決定回到人間。杜斯妥也夫斯基讓基督（他馬上被認了出來）行經賽維亞的大街，然後遭到主教以及宗教大法官的衛兵逮捕，並打入大牢。夜裡，監牢的門打開了，宗教大法官走了進來，他放下手中的燭台，打算好好規勸耶穌。他怪罪神，說祂創造了一個充滿痛苦的世界；神既然已經拒絕在塵世賜給人天堂，那麼人們除了親自接管這事

3 譯注：出自雅斯培《歷史的起源與目標》（*Vom Ursprung und Ziel der Geschichte*）。裡頭談到面對神的存在，人無條件的尋求知識所產生的張力：一方面，神彷彿是要我們盡情探求知識的奧祕，研究活動本身就好似對神的崇敬；但另一方面，這又像是對神的冒犯，因為我們不該揭開所有奧祕。

還有什麼辦法呢？

對杜斯妥也夫斯基來說，人類是藉由對知識的渴求反抗神有缺陷的創造。大法官在對耶穌表明他明日就要將之處死之前，向耶穌描述了一個未來文明的景象，屆時科學會更新一切：「在你殿宇的所在，人們將興起新的建築，人們將重新興建那驚人的巴比倫高塔。」這樣的高塔在今日看起來會是什麼樣子呢？或許就像一個基因科技實驗室吧！

我的朋友哈拉瑞認為瑪麗．雪萊（Mary Shelley）那本在一八一八年問世的小說《科學怪人》，算是對我們這個時代意義最重大的故事。順道一提，這本小說的原始標題是「科學怪人，或現代普羅米修斯」。普羅米修斯的傳說談的是諸神的挑戰，也就是人是自然的一部分或自然的主人這個問題。在希臘神話中，普羅米修斯是個英雄，儘管他必須為了那些英雄事蹟受到殘酷的懲罰。雪萊將人類那股求知、求創造的衝動看作是一種詛咒。小說的主人翁維克多．法蘭肯斯坦（Victor Frankenstein）根本稱不上是英雄，他懊悔自己創造了那個怪物。他跑了大半個歐洲，到處追捕他所創造的怪物，為的就是要把他殺了。結果他自己卻死了。故事最後一幕是在一座高山上的湖泊，這個怪物發現自己的創造者死了，在這勝利的時刻，他卻感到絕望，最後縱身跳入那深暗的湖水中。

這個故事太陰森了，我們最好還是讓瑞士劇作家費德里希．杜倫馬特（Friedrich

Dürrenmatt）來為本章做結尾。在他的劇作《物理學家》（*Die Physiker*，一九六二年出版）裡，有位莫比烏斯教授（Möbius）發現了這個世界的方程式，他把自己送進精神病院，為的是不讓這個方程式落入不懷好意之人手中。然而，他在一個祕密的部門裡遇到了牛頓和愛因斯坦，連他們也想從他那裡偷走方程式。最後，他們決定放棄並銷毀這個方程式。若這對讀者您來說是個完美的結局，那麼就請繼續往下讀；若不然，請看一下頁末的注腳。[4]

以下是一份遲來的關於人類最重要發明的一覽表。我刻意把發明、發現跟科技創新混在一起談，因為我不想對此太吹毛求疵。

一、**石斧**：大約在一百七十五萬年前，人類史上突然首次出現簡單的石製工具，主要是用來碎裂骨頭。接著很長的時間都沒出現什麼新東西，早期的人類非常容易滿足。

二、**用火**：我們不清楚智人到底是在何時或何處首次生火成功，但是大約在三十萬年前，火似乎就已經是他們日常生活的一部分了。也難怪這主題在神話故事裡占有這麼重要的位置。（快去google普羅米修斯！）

4 作者注：莫比烏斯的女主治醫師事先複印了一份他的筆記。

三、**小船**：大約在四萬五千年前，人類首次進行海上探險，跨出這一步真需要難以置信的勇氣，有如踏入了第四次元，這肯定是人類在戲弄自己吧！我們再次智取了大自然。帆大約出現在西元前三千年，而羅盤則出現在西元前四七五年。

四、**種植小麥**：農業革命（約在一萬二千年前）為一場技術創新大爆發做了準備。隨著大規模的農業活動展開，時間這個重要的角色也登上了世界舞台。對狩獵者以及採集者而言，鐘錶時間並不重要；但對於農夫而言，每日和每年裡的不同時間則是無比重要。

五、**火藥**：中國人大約在西元八〇〇年左右就已經開始使用火藥，主要是拿來製造娛樂用的煙火，後來也用於開採礦坑。差不多六百年後，歐洲人才首先想到用這技術來製造武器。在這之後，戰爭的方式便永遠改變了。

六、**印刷術**：在印刷術出現以前，書寫者（以及讀者）都屬於人群中很特別的一群，接觸這些書寫下來的文字時，人們都懷著極大的敬畏感。自一四五〇年歐洲有了活字印刷術後，很快的每個人都能夠也被允許學習書寫，包括忌妒他人成功者，還有故意挑釁者。

七、**蒸汽機**：一七六九年以後，經濟的發展便不再受限於人類肌力。紡織業首先得利，大不列顛因此成為世界工廠。一八二五年，一位英國工程師運用這項技術將煤礦從礦場裡運出來。自第一台蒸汽火車頭發動以來，才五年的光景就建造出連接利物浦及曼徹斯特的鐵路。之後更出現各種能夠轉換能源形式（比方說原子能）的先進方法。

八、書寫：人類最早的書寫（約在西元前八〇〇〇年）是用來在容器上作記號，好讓人們知道裡頭裝的是什麼。在最初的那些高等文明裡（約在西元前四〇〇〇年以後），書寫技術是一種專屬祭司階層與高等官員的密傳之學。拼音字母（約在西元前一千年）發明以後，才有了「人人都能使用的書寫文字」；以字母為基礎的書寫系統較為簡單（至多二十五個書寫符號），每個人都能學會。

九、可口可樂：一八九四年，可口可樂首次填入瓶中販賣；在這裡我們或許該提一下亨利．福特（Henry Ford）在一九〇八年推出的T-Model汽車。這類可供所有人消費的商品，開啟了另一場世界性的革命。自此，商品不再為少數菁英生產，而是大量為所有人製造。

十、電腦：電腦得以誕生得歸功於軍方。早在一八三三年，英國數學家查爾斯．貝比吉（Charles Babbage）就設計出「分析式引擎」（Analytical Engine）來減輕航海圖表的運算工作。第一代電子式電腦，是在二戰末期由美國人為他們的軍方司令部發展出來。電腦科技使我們能夠解碼人類的遺傳基因、征服外太空，也讓我們得以架起完整的數位網路。

第八章　怪物集團

關於歷史上的邪惡，以及為何我們對此著迷不已

怪物雖然存在，卻非常稀有，少到不足以造成真正威脅。危險的是普通人。

——作家，猶太人大屠殺倖存者　普利摩．李維（Primo Levi）

一八八九年四月的某個夜裡，上奧地利邦（Oberösterreich）因河區（Innviertel）有個產婦正為自己剛生下卻可能無法存活的嬰兒擔憂不已。一旁的醫生也焦急的彎下腰，安撫這名渾身顫抖、哭到不能自已的年輕婦人。她已經失去三個孩子了：古斯塔夫（Gustav）、伊達（Ida）跟奧圖（Otto）全都在襁褓時期不幸夭折，只活了不到兩個月。其中兩個得到白喉，第三個則是出生沒多久就死了。

婦人非常畏懼她的丈夫。「您知道他在奧圖出生後說了什麼嗎？」她對醫生說，「他走進房裡，看了奧圖一眼，便說：『為什麼我們的孩子每個看來都這麼羸弱不堪？』」過了一會

兒，她丈夫走了進來，渾身酒氣，嘴上則蓄著弗朗茨・約瑟夫一世（Kaiser Franz Josef, 1867-1916）[1]的招牌八字鬍。「他甚至比奧圖還要弱小，」他不滿的抱怨著。醫生為此斥責他的同時，他的妻子又嗚咽啜泣起來。「這幾個月來，我每天都祈禱這個孩子能順利活下來，」她邊嚎啕大哭邊說，惹得她的丈夫大罵：「不要再哭了！」

這個故事出自英國知名兒童文學作家羅德・達爾（Roald Dahl）筆下，內容講述這名新生兒後來存活了下來，順利成長為名叫阿道夫（Adolf）的少年。不過讀者得要看到最後才會曉得這件事，然後驚訝自己竟渾然不覺，那個從頭到尾讓人為他提心吊膽的小傢伙，居然搖身一變成了殘殺數百萬人的阿道夫・希特勒。羅德・達爾描述的情節雖然是虛構的，但其中安娜・瑪麗亞・施克爾格魯伯（Anna Maria Schicklgruber）更早生下的私生子阿洛伊斯・希特勒（Alois Hitler）[2]在現實中的確是個有暴力傾向的蠻橫酒鬼。就這點來說，應屬寫實，只不過我們無法百分百肯定。

希特勒總是有系統的謊報自己的家庭和出身背景，而且還試圖湮滅所有蛛絲馬跡，因此要還原他的童年時期並不是容易的事。在他謊話連篇的自傳《我的奮鬥》（*My Kampf*）中，僅輕描淡寫帶過自己的父母，好比他提到自己的父親是一名平凡無奇的「郵務人員」。他之所以這麼做，無非是希望，這段從社會底層一路孤獨冰冷的奮起之旅，聽來更加可信。不過希特勒會淪落到朝不保夕的窘境，在維也納成為一名一事無成、乏人問津的畫家，全都是個人咎由自取的結果。

求學時期的希特勒是個徹頭徹尾的魯蛇，早在他還是青少年時——套用他自己的措辭——就已經好吃懶做。相反的，他的父親倒是在事業上取得了相當高的成就；他雖然出身於當時下奧地利邦仍屬落後的森林區（Waldviertel），卻在林茲（Linz）擔任受人尊敬且收入豐厚的海關高級官員。當地報紙還在他死後刊登了向他致敬的訃告。這些背景設定當然與希特勒出身底層，孤身對抗資產階級壟斷勢力的傳奇故事嚴重不符。相較之下，他母親的形象與他憑空捏造出來的平凡童年就吻合得多。這名女士確實出身自流氓無產階級（Lumpenproletariat），也曾是一名女傭。她在嫁給擔任海關官員的阿洛伊斯之前，就是替他打掃房子，而這已經是阿洛伊斯的第三段婚姻。

關於希特勒外祖父的傳言則眾說紛紜。希特勒在成為帝國總理後，便嚴禁釋出任何與他家庭或私人生活有關的消息。當他在一九四二年得知，有人替他在其外祖父的故鄉，也就是

1 譯注：奧匈帝國的締造者，同時也是第一位皇帝，由於受到多數國民愛戴，晚年被尊稱為（奧匈）帝國的「國父」。

2 譯注：安娜・瑪麗亞・施克爾格魯伯為希特勒的祖母，阿洛伊斯・希特勒為希特勒父親。

小村莊斯皮塔爾（Spital）立了一座紀念碑，曾為此發了好大一頓脾氣，搞得人盡皆知。

希特勒的胞妹寶拉（Paula）直到一九六〇年，才以六十四歲之齡於貝希特斯加登（Berechtesgaden）辭世。聽來雖不可思議，但她生前是由希特勒分手多年的前女友照護。顯然這位被暱稱為「米琪」．萊特（Mizzy Reiter）的女士，還是無法抑止對他的崇拜，才會在戰後繼續照顧其胞妹寶拉。我們可以在華盛頓特區的美國國家檔案館（National Archives）找到當初美軍審問寶拉．希特勒的紀錄。她曾在一九四五年遭美軍逮捕，經過多次仔細審訊後釋回。之後，寶拉有大半輩子都待在上薩爾茲堡（Obersalzberg），她並未留下任何犯罪紀錄，也從未加入政黨。戰後她在維也納的一家藝廊工作，晚年則是仰賴社會福利金，生活在貝希特斯加登某間不到五坪的住宅裡。

關於希特勒的親屬，我們知道的並不多，大概只有一本書、兩篇五〇年代的雜誌採訪稿，還有一部紀錄片介紹過他的家庭，他的後代則居住在英國和美國。不過，可能是出於無以名狀的恐懼，似乎也沒人想進一步追查探究。光是想到人群裡，有人和希特勒存在直接的血緣關係，就讓人禁不住直打冷顫。

為什麼希特勒會令人如此驚恐又著迷？因為希特勒就等於邪惡，是某種野獸或原始造物的化身，甚至恐怖到讓人拒絕相信這個世上竟然存在和他有血緣關係的血肉之軀，也許還長得跟他很像。我們可以從YouTube上聽到希特勒的錄音，除了他在政黨會議上的演講，也有以平穩語調進行的談話。詭異的是，我們一面聽著再尋常不過的講話聲，卻又期待傳來只有怪物或心理變態才會使用的措辭和表述。

希特勒是普通人嗎？

究竟為何希特勒會犯下這等泯滅人性的罪行？關於這個問題，大概有不下數千種解讀可能，卻遲遲未有一個合理的答案。奧斯威辛（Auschwitz）[3]已然成為德國人、猶太人、歐洲人，甚至是全世界揮之不去的陰霾。希特勒以系統化的方式踐踏人類生命，其規模之大已到達非常人所能理解的程度。針對希特勒所進行的解密剖析早就突破千百萬次，卻還是未能找到令人滿意的解釋。在這當中，最坦白的就屬替他撰寫傳記的作者尤阿幇・費斯特（Joachim Fest）。他指出，那些試圖剖析希特勒的人，多半是透露出自己的想法，而不是希特勒的。到了最後也只是一再證明，單憑理性的力量並沒有辦法替希特勒現象找到一個合理解釋。套用邱吉爾的說法：希特勒是個奧祕，深埋在一團迷霧般的黑暗中。

3 譯注：納粹在此建立了最主要的集中營和滅絕營。

不過難道我們真的束手無策，只能像先前宣稱那樣，把所有歷史陳述拋到一旁，就毋須再費心解釋那些令人匪夷所思的謎團？當然不行！這麼一來，希特勒將永遠從歷史上銷聲匿跡，如同歷史學家拉爾夫・杰沃克・洛伊特（Ralf Georg Reuth），同時也是我的好友兼同事所說的：「這麼一來，就等於全盤推翻歷史研究的原則了。」

近三個世代以來，英語圈對希特勒這號人物的研究分析可說達到了高峰。好比英國知名歷史學家A・J・P・泰勒（A. J. P. Taylor）就曾提出一套有趣的見解，他認為自二十世紀初，世界各地接連出現反現代化－非理性－崇尚暴力的思想產物；英國也不例外，但唯獨德國人偏要對任何事都這麼該死的認真。假如希特勒是英國人的話，事情就不致演變成一發不可收拾的局面：「威廉・布雷克（William Blake）[4]寫的東西其實也和尼采差不多，然而不論是格萊斯頓（Gladstone）[5]或內維爾・張伯倫（Neville Chamberlain）都不曾覺得自己有義務，非要照著書裡所說的，把自己和這個世界燃燒殆盡不可。」

專制的家庭環境，加上疑似經常施以體罰的父親，當然也是解構希特勒這個人時，必須納入考量的因素之一。關於希特勒的性生活則眾說紛紜，多數人傾向相信，他在這方面受到童年生活的影響，恐有重大障礙。像是他患有隱睪症的傳聞，早在他尚在人世時就已傳得滿天飛。英軍甚至高唱著：「希特勒只有一顆蛋蛋，另一顆則擺在皇家阿爾伯特音樂廳（Albert

Hall）。」

數年前更有人指出，希特勒是個保守壓抑的同性戀，引發多方熱議。「壓抑」也許是當時整個世代所面臨的狀況，不過在零下十度的低溫下，兩個窩在壕溝裡的男子互相挨著對方取暖，是否就叫作同性戀，這就有賴專家來判斷了。逝於一九七五年的藝術拍賣兼收藏家恩斯特．漢弗斯坦葛（Ernst Hanfstaengl）曾在二〇年代與希特勒交好，在他的帳本裡，希特勒同樣被描寫成一個保守壓抑的人，而且還是無性戀者：「我深信他是個性無能的傢伙，不但壓抑，而且還會自慰。」

不過，為希特勒盡心盡力的萊妮．里芬斯塔爾（Leni Riefenstahl）[6]以及伊娃．布朗（Eva Braun），勢必另有一番截然不同的體會。在她們原本從未打算公諸於世的紀錄中（現藏於華盛頓的美國國家檔案館），伊娃就曾埋怨，希特勒心裡想的「永遠只有那檔事」，有時甚至「索求無度」。至於希特勒在貝希特斯加登的初戀，其實是一名社會民主黨黨員的女兒，也就

---

4 譯注：英國詩人、畫家、浪漫主義代表人物之一。

5 譯注：即曾四度出任英國首相的威廉．尤爾特．格萊斯頓（William Ewart Gladstone）。

6 譯注：德國演員、導演兼電影製作人，以其電影美學和對電影技巧的深刻掌握著稱。里芬斯塔爾最著名的作品，乃是為德國納粹黨拍攝的宣傳紀錄片《意志的勝利》（*Triumph des Willens*）。

是先前提到的「米琪」。希特勒和伊娃在一起很長一段時間後，曾試圖要和「米琪」恢復聯繫。他透過一名中間人轉達，希望和她維持一段不需要負責任的關係。米琪拒絕了。後來她的第三任丈夫戰死沙場，希特勒不但發出一封致哀的電報，還差人送去一百朵紅色玫瑰。

這些東西和我們要討論的主題有關嗎？有的。所有試圖從希特勒身上找出不尋常、特異或古怪之處的剖析或解密，全都只是為了讓自己感到心安。因為要是希特勒是個普通到不行的人，不就代表著，像他這麼危險的傢伙隨時都潛伏在我們周遭。這一點正是羅德・達爾透過開頭那個故事所要傳達的訴求：希特勒一開始也是個嬰孩，他並不像我們一廂情願認定的那樣，是某個從地底深處竄出的可怕怪物，是邪惡的化身，或是某種異星生物——他和我們一樣也是人。而這才是真正恐怖的地方！

坦白說，這個議題實在敏感，在繼續往下挖掘之前，讓我們先把目光轉移到另一個在世界歷史占有一席之地的角色，他和希特勒在諸多特質上驚人的相似，卻幾乎未曾在歷史評價上遭到任何抨擊。

拿破崙，惡魔的原型

截至十九世紀末，以拿破崙為題的相關書籍已經多到足以分類編目。有個名為阿爾伯特・隆布羅索（Albert Lumbroso）的義大利人滿腔熱血的投入這項工程浩大的計畫，卻因此陷入瘋狂——而且他才進展到字母B。暫且不論某些特殊案例——像是文化歷史學界的傳奇人物布克哈特就把拿破崙描繪成十惡不赦的大騙子——世人對拿破崙的觀感幾乎是清一色的正面評價。好比黑格爾相信，他在拿破崙身上見到了世界精神，就連歌德也深深為之著迷。然而，這一切全是誇大其辭：拿破崙備受尊崇的那些特質，轉換到希特勒身上後，卻慘遭世人唾棄。

另一個促使拿破崙文學再次掀起熱潮的原因，舉例來說，就是他那股看似「不可抑止的意志」。而普遍受到世人稱頌的，還有拿破崙化不可能為可能的神奇力量。但是那個林茲海關官員的小兒子，不也具有同樣的特質嗎？拿破崙和希特勒一樣，自恃為上天選中之人。他迷戀自我，沉醉於自身所扮演的歷史角色，是個不折不扣的自大狂。這種妄想自己無所不能的偏執狂傲，不免讓人聯想到希特勒。

此外，兩人同樣因不可一世的傲氣，而在一場戰役中葬送無數青年的性命。一八一二年春天，拿破崙率領六十萬大軍出征俄羅斯，此舉荒誕可笑的程度不輸希特勒發動的巴巴羅薩行動（Unternehmen Barbarossa）[7]。當時，拿破崙信誓旦旦宣稱，必在秋季之前凱旋歸來。待大隊人馬抵達俄羅斯後，曾有將領基於安全考量向他提出要求，應替馬匹換上冬季用的馬蹄鐵，以防返途有所耽誤。拿破崙斷然拒絕。一八一二年十二月，拿破崙大軍一共損失超過五十萬名年輕力壯的歐洲青年。不過他們並非戰死沙場，而是抵擋不了飢寒交迫，只因拿破崙出於傲慢，拒絕讓士兵配置冬日裝備。據傳希特勒發動巴巴羅薩行動時，他的將領也曾一再勸諫他，應盡速放棄毫無意義的拉鋸戰，否則將面臨死傷慘重的後果，希特勒卻如此回絕他們的要求：「正是因此，我們才需要年輕人！」換作是拿破崙，可能也會說出同一句話。

其實拿破崙才是現代獨裁者的原型。他可說是最先透過現代化軍事策略掌握大權者，也是第一個系統性的進行思想傳播和自我宣傳的人。此外，他更是史上首度利用法律、警察以及教會三大體系，鞏固獨裁政權的君主；在他之前，從未有任何一位現代國家的元首同意槍殺人民。他甚至毫不掩飾對自己族人的鄙視，而這一點不免讓人想起希特勒。只要讀過希特勒在《桌邊談話》（*Tischgesprächen*）裡最為人熟知的一段發言——這份文稿詳實記載了希特勒跟他最信任的部屬還有女祕書，在晚間一同用餐時所發表的談話，所有內容由他忠心耿耿的親信馬丁・鮑曼（Martin Bormann）親自抄寫完成——就不難發現，講出這段話的人，不僅仇視這整個世界，也痛恨涵蓋在其中的德國和德國人。希特勒並不信任德國人民，一點也不！他在腦海裡預見的，是由黨衛軍（SS）一手培育的菁英，對於存在現實世界的德國人，他只有鄙夷嫌棄。他甚至在《桌邊談話》的某個段落提到，自己早就在心裡盤算好，一旦民眾發生暴動，他應該依照什麼順序，處決不同種族的人。

不管是拿破崙還是希特勒，兩人直到最後一刻都深信，自己將贏得最終勝利。甚至被流放到厄爾巴島（Elba）時，拿破崙仍不願承認自己已落敗。他在回憶錄裡寫著，結束布魯塞爾以南的那場戰役後（譯按：即滑鐵盧之役），他對威靈頓公爵（General Wellington）所統率的反法同盟深表同情。特別是倫敦的民眾，當他們獲悉英軍慘敗的消息，想必感到人心惶惶。直到最後，拿破崙都不願接受，實際上是他的大軍敗給了德、英、荷三國所組成的聯合軍團——這一點也符合暴君對真實情況一向視而不見的刻板印象。

要具體了解拿破崙如野獸般的一面，最好的辦法大概就是從堆積成塔的文獻資料中，找出一份由真正熟悉他的人所執筆的觀察紀錄，而這個人便是奧匈帝國的外交大臣克萊門斯・梅特涅親王（Clemens Fürst von Metternich）。「再也沒有任何國外人士像梅特涅這般，如此頻繁的見到這位皇帝，卻又那麼平實的觀察他，」布克哈特如此稱道。梅特涅自己則記敘：「我曾見證、注視過他最璀璨耀眼、光芒四射的那一刻，但也眼看著他慘遭滑鐵盧。」他就是一

---

7 譯注：納粹德國在第二次世界大戰中，為一舉擊潰蘇聯而策劃的行動。「巴巴羅薩」取自神聖羅馬帝國皇帝腓特烈一世的綽號「紅鬍子」（Barbarossa），無非是希望效仿腓特烈擴張侵略的精神，稱霸世界。

座絕無僅有的豐美泉源，梅特涅滿懷崇仰之情談論著拿破崙。他難以忘懷拿破崙「思緒裡那無與倫比的精準敏銳和簡單明瞭」。他說：「對我而言，和拿破崙進行談話永遠有種無以名狀的魅力。他直指核心，不說空話……他不高談闊論，而是發表演說；他擁有源源不絕的謀略和口若懸河的辯才，隨時可以起身侃侃而談。他最常運用的轉折語句就是：『我了解你的心思，你想要達到某個目標，那麼就讓我們直接進入重點。』但他並不因此抗拒聽取他人見解或回應，反而還會進一步討論或反駁，並在你來我往的過程中，維持一貫的平穩語調，態度進退得宜。需要向他表態時，我從未感到羞於啟齒，儘管我的意見聽來一點也不討喜……不論處事或演說，他一向心無旁騖朝目標前進，不因那些被他視為旁枝末節，或者多半不值一顧的瑣事而裹足不前。他偏好直接通往預定目標的道路，而且會堅持到底，除非被迫放棄。不過他亦非按表操課之人，一旦想法有變，或者出現其他更快更好的解決方案，他也會適時停下腳步或做出調整。」

到這裡為止，這位男士的作風聽起來，倒是有點接近德國總理梅克爾，或是《畫報》（*Bild Zeitung*）的主編凱・迪克曼（Kai Diekmann）。

不過，這還不是全部。梅特涅透露，拿破崙自認是獨一無二的造物，生來就是為了統治這個世界。他也談到，拿破崙完全不把科學知識放在眼裡，儘管他自己正是靠著啟蒙運動的推波助瀾，才得以趁勢而起。這實在教人難以置信。接著，梅特涅講述，拿破崙鄙視自己族人的態度亦令人費解。在拿破崙眼裡，法國人猶如學齡前兒童（「他們盲從一切，受虛榮心左右，而且跟孩子一樣，非要抓著一個玩具不可」）。他將巴黎比做一座歌劇院，認為身處其中的觀眾全都甘心受騙。梅特涅還描寫了他對待婦女及下屬的刁難行徑，基本上拿破崙幾乎對所有人都是這種態度。梅特涅同時也提到，拿破崙有易怒及暴力傾向；在他意氣風發的全盛時期，就連與他最親近的親屬，都必須壓低身子才能靠近他。梅特涅筆下的拿破崙，就是一個一心只想不斷擴張權力的人，儘管他偶爾也有流露同情的時候，卻完全不知人間疾苦。但是，拿破崙並不是希特勒：我們不能假定他是一名大舉滅絕百姓的殺人魔，然而他確實以極為戲劇化的方式為我們展演出，身為一個人究竟可以瘋狂到什麼程度。

從鑑識科學的角度看歷史上的邪惡

我們真的可以把拿破崙和希特勒放在同一個天平上比較嗎？講究嚴謹的歷史學家也許不會這麼做，因為到了最後，所謂的比較也都只是胡扯。不過，要正視希特勒所帶來的驚人毀滅力，我們需要擔心的，並不是經過一番比較後，他反而顯得平凡無奇；真正教人害怕的是，看到希勒特主義裡那些極盡能事的荒誕怪異。希特勒可說是世界史上絕無僅有的一場災難——費斯特這麼說，漢娜．鄂蘭（Hannah Arendt）也這麼認為，戈洛．曼（Golo Mann）更是與前面兩位有志一同。

這番注解確實相當誘人，實際上卻只是欺瞞自我的彌天大謊。這套騙術直接賦予我們一種虛幻的安全感，彷彿這麼一來，不論是個人或群體，就永遠不會再犯下同樣的錯誤：以各種可能的形式踐踏人類或生命。只要是人，都會本能的想要遠離邪惡，這是理所當然的。於是，我們的祖先創造出一種替代儀式，好比代罪羔羊即是一例，又比如獵捕女巫也是其中之一。現代人則把這些讓自己擺脫邪惡之嫌的技巧，展露在某種傾向上：我們習慣將邪惡和「病態」這個標籤綁在一起。只要發生令人震驚的犯罪事件，我們就會在第一時間認定犯行者「有病」，因為這麼做，可以讓自己先和他切割開來。然而，我們身上這套自我慰藉的機制卻刻意忽略了：關在監牢裡的那些人其實和你我沒有兩樣，而且絕大多數的殺人犯精神狀況與常人無異，多半是因一時的情緒激動才犯下罪行。

這種把邪惡和病態畫上等號的渴望背後，其實有個非常鄙陋的典故。義大利杜林有位名為凱薩．龍布羅梭（Cesare Lombroso）的醫師，他訪遍全國各地的牢獄，測量受刑人的顱骨尺寸，因為他相信，人的生理特徵與其暴力傾向之間存在必然的因果關係。龍布羅梭按照外顯的生理特徵，將罪犯歸納成不同類型，後來的納粹便是以這套系統為基礎，發展出種族優生理論。一九六八年，科學協會從美國連續殺人魔理查・史貝克（Richard Speck）身上發現Y染色體，一時間感到振奮不已。但沒多久後，這種想要找到「犯罪染色體」的念頭就被認為不合時宜。

極富盛名的奧地利司法精神科醫師萊恩哈爾德・哈勒（Reinhard Haller）教授，在鑽研過約瑟夫・弗里茨（Josef Fritzl）的亂倫性侵案[8]後表示：「我們無法將邪惡的成因歸咎給大腦結構，在這個議題上，真正需要思考的問題，除了人以外，除了我們每一個人以外，別無其他。」邪惡就藏在我們每個人體內，按照哈勒的說法，光是從我們平日的對話就能看出這一點。當我們說「日後你會更了解我！」，同時就意味著，有一部分的我們出於文明、教養或其他利己的原因，通常是深藏不露的。

舉例來說，知名的米爾格蘭實驗（Milgram Experiment）就顯示出，一般人輕而易舉就能做出殘酷的行徑——只要實驗設計提出要求，也就是當下的群體氛圍，加上嚴謹的科學研究，都希望他這麼做時。在這個實驗裡，學生被要求進入控制室，透過玻璃觀察一群受試者

8 譯注：即二〇〇八年轟動奧地利的禁室亂倫案，獸父約瑟夫・弗里茨禁錮親生女兒伊莉莎白長達二十四年並加以性侵，亂倫產下七名子女。

圍著桌子玩填字遊戲的過程。一旦發生錯誤，負責觀察的學生就會操作一根小型控制桿，以電擊處罰受試者：如果只是簡單的錯誤，就給予微弱的電擊；錯得離譜時，電擊的強度也會跟著增加——依情節遞增，最嚴重的狀況可會讓人痛到受不了。當然這些電擊都只是模擬的，受試者的痛苦也是演出來的，不過控制室裡的學生並不知情，因為他們才是這個實驗裡真正的受試者。三分之二的人遵循了實驗安排，而且也準備好要以暴力對待從未傷害過他們的人。這些侵犯的行為終究是事先設定好的，也全都是按照要求執行的。

在一九七五年以前，瑞典的精神障礙者都必須接受絕育手術；荷蘭人則冷靜理智的討論著，與其把錢花在醫療設備，用來維持年老病患的生命跡象，是否應該挪用來協助年輕家庭，實現他們擁有房子的夢想。生殖醫學中心每天都會透過所謂的篩檢流程，淘汰掉那些可能有健康問題或高度風險的肧胎，而每年光是為了科學研究被剔除的健康肧胎也高達成千上萬個。界定什麼樣的生命值得存活，什麼樣的生命不值得留下，這類討論並不僅限於納粹主義，也不屬於禁忌話題。

儘管納粹時代落幕已久，種族差異在西方世界仍被視為科學問題。直到六〇年代，「白人優勢」在美國依舊根深柢固、難以撼動：黑人婦女羅莎・帕克斯（Rosa Parks）曾於一九五五年間，因在公車上拒絕讓座給一名白人，而遭到逮捕。這項種族隔離政策一直要到一九六四年，甘迺迪總統遭人刺殺後，才由接任的詹森總統宣布取消。一九七三年以前的澳洲亦曾實施「白色澳洲」（White Australia）政策，限制非白種人口移入。

一九三三年，希特勒掌權後不過短短幾個星期，戈林（Hermann Wilhelm Göring）底下的警力就突襲了報刊編輯部，並且發布逮捕聲明。盡忠職守的德國法院隨即出面干預，一一釋放那些未經正當程序就遭逮捕的人。不過，一九三三年二月二十八日緊急命令（Notverordnung）[9]正式生效，加上國會緊接著在一九三三年三月二十四日通過《授權法》（Ermächtigungsgesetz）[10]，至此，所有法治倫理的反應機制被迫全面停止運作。整體情形看來已和米爾格蘭的實驗沒有兩樣，不論在政治上、法律上，還是社會上，無處不充斥著專橫暴戾之氣。

9　譯注：一九三三年二月二十七日夜裡，柏林帝國議會遭人縱火。納粹黨隨即把縱火事件歸咎給共產黨，甚至把它視為反對當權者的警訊。希特勒趁機促使帝國總統興登堡於二月二十八日簽署一項《保護國家和人民的法令》（Verordnung zum Schutz von Volk und Staat），透過這項法令，原本受《威瑪憲法》保障的基本權便全面「暫時」失去效力。

10　譯注：《授權法》的正式名稱是《解決人民和國家痛苦的法例》（Gesetz zur Behebung der Not von Volk und Reich），容許總理及其內閣可以不需經國會即通過任何法案。授權期間國會無立法權，亦無需總統簽署法案，只要內閣通過公布即可生效，等於變相讓總理內閣可以自訂國家法律而不受任何限制。

作為普魯士王國的首相，或是柏林的警長，除了和其他人一樣服從當權者，還剩下什麼選擇呢？從鑑識科學的角度來看，哈勒教授認為，如果要問「誰是希特勒？誰是希姆萊（HeinrichHimmler）[11]、海德里希（ReinhardHeydrich）[12]，還有門格勒（Mengele）[13]？這一大票數以千計的施虐者，如此大規模系統化執行酷刑的人，究竟是誰？」那麼答案只有一個：每一個人。薩克森豪森（Sachsenhausen）集中營的倖存者安德列．施奇皮奧斯基（Andrzej Szczypiorski）曾這麼說過：「我在集中營裡認識了一種人，他們抱持著勤奮奉獻的精神殺害他人，不自私、有責任感，不但會按時告發身邊最親近的人，還會真誠又積極的折磨他們，同時也會以身作則，帶頭示範何謂乾淨又細心。」有個希特勒，有個拿破崙，有個萊登的約翰（Jan van Leiden）[14]，有個伊迪．阿敏（Idi Amin）[15]，還有個波布（Pol Pot）[16]，這些全都不是特例。如果真要說的話，真正的特例是那些為了守護人性尊嚴，和一致達成共識的大眾分庭抗禮的人。

因此，也就沒有必要在這裡列出前十大，唯一僅存的就是我們自己，人類。同時，為了避免我們的友人被選作代罪羔羊，我們將列出史上五個也許根本沒那麼邪惡的怪物，以及五大英雄，但實際上完全不如眾人所認知的那樣崇高無瑕。

聲名狼藉的惡棍：

一、**阿提拉（Attila, ?-453）**：「個子矮小、眼睛細長、臉上帶疤的黃種人，」這是史學大家宮布利希（Gombrich）對這名來自亞洲草原的狂傲暴徒所做的描述。西元五世紀的匈奴人惡名昭彰，可說是殘暴與野蠻的化身，匈奴王阿提拉甚至出現在但丁《神曲》的第七層煉獄，承受煎熬與折磨。然而，這並不公平。阿提拉不僅是一名極富教養之人，麾下亦向來不乏熟稔拉丁文的部屬。對於征服的領土，他會試著了解當地文化，後來更迎娶日耳曼公主為妻，卻不幸在新婚之夜喪生。匈牙利人對他則有著無限的推崇與愛戴。

---

11 譯注：德國納粹黨衛隊最高指揮官。

12 譯注：德國納粹黨衛隊重要成員之一，地位僅次於希姆萊。曾掌管殺人無數的國家安全總局（RSHA），更計劃了意圖消滅歐洲猶太人的「最終解決方案」（Die Endlösung）。

13 譯注：人稱「死亡天使」的德國納粹黨衛隊軍官，是奧斯威辛集中營的醫生，負責裁決將囚犯送到毒氣室殺死，或成為強制勞動人力。他慘無人道的用活人進行「改良人種」試驗，在未使用麻醉劑的情況下活摘人體器官，先後約有四十萬人慘死在他手下。

14 譯注：荷蘭再洗禮派領導人。再洗禮派（又稱重浸派）被視為十六世紀歐洲宗教改革時期的激進新興教派，該派教義反對長期以來所實行的嬰兒洗禮。他們認為，《聖經》中並沒有嬰兒洗禮的教訓，一個人必須在心智成熟的情形下自願受浸，才能為他施行浸禮。

15 譯注：一九七一年至一九七九年間擔任烏干達總統，為當代非洲公認的三大暴君之一。

16 譯注：一九七五年至一九七九年四月，以極左鐵腕統治柬埔寨的獨裁者。

二、**理查三世**（**Richard III, 1452-1585**）**：**在莎士比亞筆下，理查三世無疑是一名暴君。但歷史上的理查三世其實是個毫不起眼的英國國王，他之所以惡名昭彰，全是政治上刻意抹黑的操作。為爭奪英格蘭王位，都鐸家族展開和金雀花家族之間歷時三十年之久的對立征戰（譯按：即玫瑰戰爭），並且在成功掌權後啟動宣傳機器，無所不用其極的扭曲、詆毀金雀花王朝[17]。等到莎士比亞在一九五三年編寫劇本《理查三世》時，這名金雀花王朝的末代君主早已辭世百年之久，經過時間洪流的沖刷，後朝為他塑造的邪惡形象也從原有的歷史脈絡中獨立出來，成為一枚揮之不去的鮮明印記。也無怪乎莎士比亞會將他描繪成一名徹頭徹尾的反派人物，致使理查三世的惡名根深柢固、遺臭萬年。

三、**尼可洛・馬基維利**（**Niccolò Machiavelli, 1469-1527**）**：**馬基維利主義基本上就是一種不擇手段的權力政治。荒謬的是，馬基維利本人並非馬基維利主義者。身為哲學家，他甚至是奠定現代民主政治的元老之一，更是第一個提出矛盾與衝突有助於改善社會弊端的政論家，因此被視為政治論述中多元主義的創始人。

四、荷南・科爾特斯（**Hernán Cortés, 1485-1547**）**：**西班牙征服墨西哥（1519- 1521）[18]之舉被視為西歐大陸的汙點。這場戰役導致上百萬名當地居民喪生，其中絕大多數是因為染上歐洲傳入的疾病。科爾特斯也因此被錯當成邪惡的侵略者。實際上，他不僅嚴禁再以活人進行獻祭，更在眾多原始部族的歡呼簇擁下，終結了阿茲特克人的統治。許多人甚至稱他為現代墨西哥之父。

五、弗拉迪米爾・伊里奇・列寧（Wladimir Iljitsch Lenin, 1870-1927）：德國文學家史蒂芬・茨威格（Stefan Zweig）曾說過：從戰場擊發出的上百萬枚子彈中，沒有任何一枚的威力比得上那列從瑞士出發、穿越德國，在滴水不漏的重重戒備下，準備將列寧送回聖彼得堡的火車。列寧打破世界秩序，創建了二十世紀第一個極權統治政府。然而，名為「整肅行動」的大屠殺，其實是在列寧於一九二四年去世之後，才由史達林一手策動。列寧出身貴族（所有蘇維埃的歷史紀載皆刻意略過這點不提），而且心思縝密。但在史達林眼中，他不過是個粗鄙的普通人，傳聞史達林甚至一度試圖要阻止列寧崛起。

有瑕疵的英雄：

17 譯注：理查三世僅在位短短兩年，最終因亨利・都鐸（即後來的英王亨利七世）在一四八五年發動叛變，戰敗身亡。世人對理查三世的了解，多半來自英國文豪莎士比亞的同名歷史劇，劇中他被描寫成一個殺害侄子的邪惡暴君。

18 譯注：西班牙的征服者在這場殖民美洲最重要的戰役裡消滅了阿茲特克帝國。

一、**聖女貞德**（Johanna von Orléan, 1412-1431）：貞德不僅受封為聖女，更替歐洲揭開了狂熱民族主義的序幕。她認定凡與法國為敵者，即是公然違抗上帝。多麼驚人的狂妄傲氣！那可是個稍有異端邪說之嫌，就會遭處火刑的年代。

二、**腓特烈大帝**（Friedrich der Große, 1712-1786）[19]：毫無疑問是一名堪比柏拉圖的哲學帝王。腓特烈年僅二十八歲便登基為帝，成為年輕的國王：他禁止酷刑、廢除農奴制度、為弱勢伸張正義。然而，他也在同年（一九七〇年）揮軍攻打鄰近的西里西亞（Schlesien），向原本交好的友邦宣戰，儘管奧地利在此前未有任何挑釁舉動。他不只一次試圖從哲學角度為此次的侵襲辯護，也因此為德意志的外交政治開創了新局。不過伏爾泰在他進軍西里西亞後，便與他斷絕往來。

三、**聖雄甘地**（Mahatma Gandhi, 1869 -1948）：甘地曾被提名諾貝爾和平獎高達十二次，最後一次獲得提名是在一九四八年，也就是他去世那年。但他從未獲獎。他理應贏得這座獎項嗎？毋庸置疑！不過也有像阿蘭達蒂・洛伊（Arundhati Roy）[20]這樣的環保人士，大肆批評甘地明顯趨於保守的思維，因為這名聖雄認為種姓制度是印度沿襲已久的神聖傳統。甘地在以色列亦未受到太多擁護，他支持巴勒斯坦應全面歸屬阿拉伯人，然而從歷史發展的脈絡來看，這樣的立場並不怎麼禁得起檢驗。

四、克勞斯・申克・馮・史陶芬伯格（**Claus Schenk Graf von Stauffenberg, 1907-1944**）：為何我們在柏林見不到史陶芬伯格的紀念碑？因為民眾雖然崇敬這樁企圖刺殺暴君的行動，卻不願意將光榮歸給史陶芬伯格。理由是：他個人的見解與認知，並不適合後來採用聯邦制的現代德國，硬要說的話，在布蘭登堡邦（Brandenburg）的某些區域也許還行得通。這名刺殺行動的主謀在一九四四年七月二十日發起政變後，承諾要建立的那個國家，比起當今德國絕對管得更嚴也更多。

五、米哈伊爾・戈巴契夫（**Michail Gorbatschow, 1931-**）：西方國家為他高聲歡呼，俄羅斯人卻恨死他了。但兩種評價對他來說都不公平。唯一有理由責難他的是烏克蘭人：因為他沒有勇氣在一九八六年公開承認車諾比的慘劇，導致上萬條無辜性命逝去。核洩漏意外發生後，他整整瞞了十八天，才向居民提出警告。當時就連隸屬蘇聯官方的《真理報》（*Prawda*）都對他隱匿消息的決策做出抨擊。

---

19 譯注：即普魯士國王腓特烈二世，統治時期大規模發展軍力、擴張領土，使得普魯士在歐洲大陸取得大國地位，並在德意志內部取得霸權。

20 譯注：印度知名小說家與左派社運人士，曾批評甘地是種姓制度這個「不人道統治制度」的支持者。

第九章　看不見的軍隊
曾經改變世界的話語

語言即是擁有陸軍與艦隊的方言。

——語言學家　馬克思．韋恩萊希（Max Weinreich）

然而，假設道德真的存在，那麼也是一種超自然的東西；而我們能夠藉由話語表達的，卻僅限於事實：如同一只茶杯，就算我把茶壺裡的水全都倒進裡頭，它也不過就是一只斟滿水的茶杯。

——哲學家　路德維希．維根斯坦（Ludwig Wittgenstein）

關於波斯皇帝大流士一世（Dareios I），有個讓人忍不住豎耳傾聽的故事。約莫在西元前一千年中期，這位盛名遠播的大帝曾遣人捎信給鄰近某個小行省的總督歐洛伊特斯

（Oroites）。信使獲准進入當地後，便將一只蓋有皇帝印鑑的卷軸交給歐洛伊特斯的侍官，該員隨即大聲宣讀，歐洛伊特斯也在身旁護衛的重重戒備下，耐著性子仔細聆聽。侍官誦讀：「波斯人！大流士大帝禁止你們保護歐洛伊特斯。」眾護衛於是紛紛扔下手上的長矛。接著，信使又交給侍官另一封密函，上面寫著：「波斯人！大流士大帝要求你們殺死歐洛伊特斯！」聽聞此言，護衛們便拔出匕首，殺死了他們的主人。

這段出自希羅多德（Herodot）筆下的紀實是否為真，倒也不是那麼重要，因為這名希臘歷史作家並不是為了詳實記述才寫下這段文字。說穿了，他真正的意圖是想藉此傳遞某種道德觀：不要低估我藏在話語裡的力量，尤其是寫在紙上的那一些！此外，另有一個截然不同的切入點，雖然看似沒那麼關鍵，卻也值得我們留意：當時在場的人一致指出，信函的內容是由侍官為眾人宣讀的。顯然西元前一千年那段時期，不論是王公貴族，或是信使，包含政府官員，全都不識字；讀取文字這項工作另有專職人員負責。至於代人讀取的過程中該怎麼處理字母，以及那些由字母組合而成的詞彙，勢必有一套固定的運作機制，但其中的詳情就不得而知了。現今的電信技術其實也是以類似的概念運作，頻繁進行通話的我們對衛星科技僅一知半解，搞不清楚聲音究竟如何透過衛星傳播到世界各地。

絕大部分的史書都將文字的發明視為人類文化發展的轉折點，這一點毫無疑義。在早期的城鎮生活裡，一旦管理成本與營運開銷達到一定規模，要是沒有輔以書寫紀錄，根本無從支應。最先採用書寫這門技術的人，其實是政府官員；詩人和思想家則是又過了很長一段時間之後，直到聲符和字母陸續出現，才開始將具體事物或抽象思想化為文字。儘管如此，書寫在這個階段所代表的，也不過是構成詞語的過程。我們必須親自見識過言語的力量，才有可能感受到它們經由書寫所釋放出的渲染力，並且體會到，為什麼高度文明會將他們的躍進歸功於文字的發明。

不過，真正教人感到驚奇的，還是言說，也就是我們經常脫口而出的話語。維根斯坦也贊同這種觀點，眾所皆知，這位哲學家不斷針對語言的意義提出各種質疑。他強調，物體的本質是無法被指稱的；然而，如同維根斯坦驚歎世界的存在一般，讓他大感不可思議的是，他發現我們還是可以使用這個來指稱特定對象。他曾在一九三〇年於劍橋一場以道德為題的知名講堂上提到：

有股力量迫使我探究語言的界限，而我相信，那些試圖要書寫或談論道德或宗教的人，同樣也是受到驅使才會這麼做。我們不斷想突破牢籠的高牆衝出去，然而這些嘗試不僅徒勞，更形同困獸之鬥。但是，一旦關於道德的探討跳脫出這種奢求，不再執著於談論生命的真諦、絕對的善與價值，那麼道德就不會再是一門科學。不論從哪個面向來看，道德這個議題所闡述的東西，雖無助於增加新知，卻是人類意識中那股迫切衝動的最佳例證。也因此，我自己對這項議題只有發自內心的崇敬，絕不可能有半點嘲諷之意。

人類是在什麼機緣下，才開始張嘴說話？舉例來說，被人搔癢或揉捏得很舒服時，會不自覺發出愉悅的咯咯聲——直到今天，我們還是會製造出這種聲音；另外，像是出聲威脅、警告，大喊「小心有老虎！」，還有早期人類叫喚某隻動物或某株植物的名稱。嚴格說來，上述這些情況都不算是講話。然而，當我們開始指稱那些不存在眼前的事物，情況就變得有趣多了。打從我們的祖先替那些抽象事物命名的那一刻起，他們便啟動了演化工程的渦輪。一旦我們開始利用語言，為那些僅存在想像空間的事物命名，就能夠把那些不存在的東西，和具體的現實整合在一起——進而創造出新的現實。

在柏林和我比鄰而居多年，同時也是文化哲學家的托馬斯．瑪丘（Thomas Macho）曾提出一個相當有趣的論點：約莫從西元前一萬二千年開始，人類逐漸定居下來，不再頻繁遷徙。在這個歷經數千年之久的過程中，我們指稱抽象事物的能力也跟著大幅提升，想必不論是語言的熟練度，或者是想像力的運用，當時的人都發生長足的躍進。人類不再逐水草而居，不再從這座丘陵遷徙到那道河流，從河流轉往荒原，再從荒原到乾草原上。按照瑪丘的說法，他認為人類的遷徙已經從水平橫移，轉為垂直走向：人類對遷徙的詮釋開始發生變化。他們轉而探詢自身的起源——好比一個屬於先祖、亡靈，以及未誕生者的國度。這又是另一次的遷徙，只不過是形而上的。如果我們發現一批陶土捏製的人像，身形皆有如孕婦般鼓著厚實的圓肚，不僅很有可能推知某種先人用來祈求豐收的儀式，更足以想見早期人類追尋自身根源的渴望。

一旦我們的思維突然擺脫空間的限制，許多前所未聞的全新事物就會接連湧現。「直到今天，」瑪丘指出，「我們一概以從天而降，誕生到這個世界上，作為定義身分認同的基準點。每個人的出生證明，還有護照上都載明著兩個問題的答案：『我出生在這個世界上的什麼地方？』，以及『我在什麼時候來到這個世界？』——這是最基本的資訊，就連無國籍或流放人士所持有的簡易臨時文件上，都注記了這兩件事。我的從天而降，誕生在這個世界上，這個問題決定了我的認同、家庭，還有歸屬的群體；至於我到過這個世界的哪些地方，一點也不相干。」

我們究竟從何而來？要從形而上的角度探討這個問題，可不是直接坐下來面對面，大致聊一聊，再找出某個可以用來指稱具體對象的字眼，就可以解決的。提出這類問題的前人，先是借助某種語言的力量，才得以打開靈魂的眼睛，見到那些不存在的事物。很快的，他們轉而求助於調停者、普羅米修斯的神像、魔法師、預言家、祭司，或者像吉爾伽美什國王這樣遊走在不同世界的跨界者——我們「之上」的天堂，以及大地「之下」的暗黑之域。

在上述這些探尋摸索的過程中，某種類似感召力的東西極有可能已經扮演著關鍵角色，搭配各種花樣的咕噥低語，應該也多少增添一些作用。在《為什麼人類會定居下來》（*Warum die Menschen sesshaft wurden*）這本書裡，巴伐利亞的演化生物學家喬瑟夫．萊希霍爾夫（Josef H. Reichrolf）宣稱，致使人類最終選擇定居下來的決定性因素，是因為他們認識了發酵作用。為了讓整套流程有系統的運作——比方說，為了釀造出原始的啤酒——人類必須放棄四處遷徙的生活模式，安頓下來。能夠隨時來上一杯不摻水的醇酒，確實是個讓人定居下來的好理由。

關於詞語對我們的靈魂有何影響，以及具有讓想像成真的力量等課題，已有不少聰明人深入探討過。例如，我曾多次引述其作品的以色列歷史學家哈拉瑞就認為，人類之所以能夠崛起，全是因為我們有能力透過用字遣詞創造現實。在他看來，幾乎所有我們認知原本就存在的一切，包含上帝、文字、金錢、國家、公司行號、北大西洋公約組織、歐盟等，都屬於此一範疇。對哈拉瑞來說，我們的文明，連同各種習俗、傳統、契約和相互信賴，就是一種群體想像力共同作用的結果。而這一切全是語言的功勞。

接下來的段落，原本應該講述語言的歷史，不過光是希伯來語就值得另闢一章好好介紹。這是一門為了建立身分認同而問世的藝術語言，一門將詞語本身奉為聖堂的語言，一段已成絕響的過往。正因如此，我們才得以查閱、理解，而後領會歷史的進程、上帝的意志和歷史的目的。人類的思維模式也跟著跨出一大步，從一開始的驚奇詫異，變得更富理性邏輯。

在講述語言的歷史之前，我們必須先理解語言是如何形成，又是如何傳播的。比方說，在法國有很長一段時間，除了巴黎以外的地區，幾乎沒有人講法語。生活在鄉村地區，分屬不同省分的居民可能說著布列塔尼語（Bretonisch）、加斯科方言（Gaskognisch）、各種高盧羅曼語（Galloramanisch），或列托羅曼語（Rätorazmanisch），另外也有人使用西班牙語、德語，或英語的方言。然而，要將法語推展至全國，而且不顧傳統主義者的強烈反彈，把地方性語言排除在官方語言以外，最好也是唯一的辦法就是：不斷強烈攻擊各個城邦——這樣的作為直到十九世紀末才終於止息。這就是知名意第緒語（Jiddisch）研究學者韋恩萊希藉由下面這段話想要表達的，他曾以意第緒語寫下：「語言即是擁有陸軍與艦隊的方言。」有時為了達到特定目標，就是非得全力一搏不可；有時甚至必須發動戰爭，才足以讓一門語言普遍為人使用。

一旦目標達成，就等於擁有一批力量強大的群眾。只是我們應該回頭想想，要透過話語和許多人達成溝通，就得要有一門共同的語言作為前提。早期的民族國家正是建立在共同語言的基礎上，美國知名政治學家班納迪克．安德森（Benedict Anderson）就曾在《想像的共同體》（*Imagined Communities*）裡指出，要是沒有一致性的語言作為大眾媒介，民族主義就不可能在十九世紀崛起。同樣的，散居在各地方的族群也絕不會成為一個彼此連結、富有獨特文化性的社群。難道這就是，比方說，不少歐洲人在全球化浪潮來襲之際，感到惶惶不安的原因嗎？因為擔心長期以來所建構的群體認同，或是真正獨特的文化特質就此流失？其中，特別值得關注的議題是：在數位化的世界裡，幾乎所有人都使用著表面上看來甚為相似的語言；一旦語言不再是構成群體認同的基石，會帶給我們什麼衝擊？既有群體崩解，另外形成新的嗎？一門全球共通的語言，是否就能讓自由和人性尊嚴的觀念遍及全世界？又或者，反倒只會加速資訊的破碎化，任由空洞貧乏的思想四處流竄？例如中國就試圖封鎖網路世界的對外聯繫，不過要是真的想透過電腦傳輸資訊，其實只要有〇和一就行——這兩個數字幾乎就像一支隱形的軍隊，無人能擋，所向披靡。

路德，說得好！

語言的爆發力是人類史上重要的價值之一。不過，與其提供枯燥的理論性陳述，這裡將直接介紹兩個相當具體的實例。兩則案例都和名為路德的男子有關，其中一人來自威登堡（Wittenberg），另一個則是馬丁・路德・金恩（Martin Luther King）；其中後者猶如預言般的演講〈我有一個夢〉，稱得上是登山寶訓（Bergpredigt）[1]以外人類史上最著名的演說。

一五二一年的四月十八日，馬丁路德首次出現在沃木斯（Worms）議會，當時的他已與教會決裂。數個月前，路德收到羅馬教廷發出的諭旨，要將他逐出教會。於是他夥同其他追隨者前往威登堡的城門前，燒毀印有教會律例的書籍，以及那封出自教宗的諭旨。公開的焚燒。教會因此要求神聖羅馬帝國皇帝查理五世立即逮捕這名頑抗甚至有越來越多人擁護的思定會修士，並且強加管控。然而，剛登基不久的查理五世則希望先和其他統治屬地的王侯以及帝國政治體（Reichstände）[2]研議後，再做出決定。路德因此受邀至沃木斯議會，不過查理五世清楚表明，不允許路德為自己辯護，同時也不得將議會牽扯進神學的辯論中。路德

1 譯注：耶穌在山上聖訓開始時所說的八句賜福話語，收錄在《聖經・馬太福音》第五章到第七章，是有史以來最著名的傳道演講。
2 譯注：專指神聖羅馬帝國中，在議會擁有席位和投票權的成員。

被要求回答的，正是以下兩個問題：第一、以他之名所出版的書籍，是否真的出自他手？第二、他是否打算撤回書裡的內容。

路德雖決定前往沃木斯，但也早就做好心理準備，隨時都可能在途中遭到逮捕。波希米亞（即今日的捷克）的改革者約翰・胡斯（John Hus）就曾在一四一五年帶著安全通行證，前往康斯坦茨（Konstanz）的議會，卻還是在半途遭到逮捕，被送上火刑場活活燒死。不過路德倒是安然無恙的抵達了沃木斯。知名的奧地利哲學家弗里德爾曾形容路德是一個「轉型推手」，透過他的描述，我們得以一窺路德面對傳統的強勢姿態：「新舊交替的特殊時期一向是（中略）孕育出偉大革新者、改革者，以及重建者的溫床。然而，儘管改革運動一波接一波，老舊勢力依然蓬勃活躍。這番情勢更加激化了改革派人士亟欲創新的滿腔憤恨，誓言將不惜一切代價奮力一搏，徹底剷除所有守舊力量。（中略）唯有信仰摩尼教的奧古斯丁[3]，才足以成為主教；也唯有出身貴族世家的米拉波伯爵（Graf Mirabeau）[4]，才能夠掀起法國大革命；至於有本事批判基督教及其道德體系的，只有牧師之子弗德里希・尼采。」

不過路德並非親民之士，亦非民主的信徒。他在農民戰爭[5]中，堅持站在上層階級那一方；對於當時以純粹理性為號召、大行其道的理性主義，他也多有疑慮。路德在諸多面向上可說是個極度反動，或者至少相當保守的人，但他贊成屏棄幾乎過時的遠古傳統：中古世紀的傳統。他堅稱，除了自己，我們無法透過任何人和上帝溝通。由於秉持個人良知成為人神之間達成聯繫的唯一途徑，過往負責居中傳話的角色也就不再具有價值。長久以來，人神之間——特別是在《舊約聖經》裡——始終仰賴中間人傳遞訊息，因此儘管路德向來鄙視進步，卻成為歐洲史上最偉大的現代化推動者之一。他最大的成就，莫過於替個體的獨立思維打了一場漂亮的勝仗，為每一個「我」贏得真正的主體性。雖仍有待證實，但路德在沃木斯發表的演講中，有句話（「我站在這裡，別無選擇！」）後來成了傳奇；這句話無異是新時代發出的第一聲呼喊，也是一張戰帖，向沿襲已久的階級制度與世界秩序正式宣戰。

路德在沃木斯議會上謙恭有禮的發言，獲得一致好評；如果讓我的孩子來評論，可能

3 譯注：摩尼教為西元三世紀中葉，由波斯人摩尼所創立的宗教，其教義廣納基督教、景教、瑣羅亞斯德教（又稱祆教、拜火教）等多種不同宗教之元素及思想。奧古斯丁早年曾接受摩尼教善惡二元論的信仰，後來受新柏拉圖主義鼻祖普羅提諾（Plotinus）影響，才放棄摩尼教，轉而學習天主教信仰與神學。其生平著作多達一百一十三冊，例如《懺悔錄》、《上帝之城》、《論三位一體》等，對基督教神學有極大貢獻。

4 譯注：法國大革命時期著名的政治家和演說家，是國民議會裡的重要人物之一，屬溫和派人士，主張君主立憲。

5 譯注：一五二五年，德國農民受宗教改革信念推動而發起的抗爭活動。

會說他的演說具有「史詩級」的風範。他在第一天就被追問，那些署名路德的作品是否真的出自他手，對此，路德小聲的回答了「是」。不過面對第二個問題時，他便要求多給他一些思考的時間。到了第三天，他再度現身議會，站在皇帝面前，場上眾人莫不預期見到首日那個不卑不亢的路德。實際上，路德的確以充滿敬意的姿態展開陳述，周到完備之程度，堪稱無懈可擊：「至高無上的國王陛下、尊貴的侯爵殿下，最仁慈、寬厚的先生們，（下略）」。接著，他又極為禮貌的指出，自己大可將親手撰寫的著述全數收回，然而這些全是毫無爭議的信仰真相，當局不可能有興致公開撤銷官方認可的教會律例。他的著述大多是「有用、無害，且具普世價值，是專為基督徒所寫的」，而這一點就「連他的敵人也會承認」。

透過巧妙的回答技巧，路德反而藉著議會的質問，揭露教規的弊端。如果你們能夠提出具體證據，我在哪個地方誤用了耶穌一詞，路德如此辯駁，我很願意把那個段落收回，但我拒絕全面撤銷。路德把球漂亮的丟回給他的對手——他們竭盡所能，一心想要阻撓他在議會上針對神學進行辯論：「因此，我祈求上帝的悲憫。既然仁慈的國王陛下，還有那些最尊貴之士與最卑賤之人，全都想證明我是錯的，想利用基督教和先知的文字擊敗我，那麼我隨時都準備好，誠心誠意按照我被給予的教導，撤銷所有錯誤，而且當仁不讓，把我的書全都扔進火裡燒毀。」這段談話勢必讓當時在場的聽眾全都嚇傻了。最後，他在離場前，又再次「卑躬屈膝、謙虛有禮」的請求「國王陛下」，不要讓他繼續「蒙受恥辱」，除非有「白紙黑字的證據，或是明確的原因反駁」他。由於「我的良知只聽從神的話語，因此我不能，也不希望撤銷任何東西，因為違背良知行事，不但困難、邪惡，而且危險。神啊！請祢幫助我，阿門。」

結束這段爆炸性的發言後，路德不但得以全身而退，還成了民眾和知識分子眼中的英雄（這兩種人鮮少有志一同）。

不過先前授意逮捕他的那封諭旨，倒是一直到後來，等到當權者從路德演講的震撼中恢復精神，才真正失去效力，成為走入歷史的「沃木斯諭旨」（Wormser Edikt）。不過，路德所掀起的決裂是顯而易見的。他曾出於非自願（但極富生產力）的原因，短暫在埃森納赫（Eisenach）的瓦特古堡（Wartburg）停留過一陣子。[6]化名為榮克·約克（Junker Jörg）[7]的路德便是在這段期間，將《新約聖經》翻譯成通俗易懂的德語版本，讓每個人都能讀懂《聖經》。同時，由於他統一了語言的使用，各地方原有的特殊性遭到淘汰，進而造就現代德語的

6 譯注：當時路德為躲避異端邪說的迫害罪名，在支持者的庇護下隱遁於此。

7 譯注：Junker在德語裡係指十九世紀出現在以普魯士為主的德意志東部地區的貴族地主。

問世。路德不僅是自我文化（Ego-Kultur）的普羅米修斯，最重要的是，他替宗教注入一種前所未有的世俗性元素。他認為，每種工作場合，每個崗位上的每一個人，每一刻都能受到上帝的憐愛；日常——不論是在德語區、荷語區或英語區，特別是工作——因此變得神聖。路德帶給世人的話語和觀念，改變了這個世界，我們很難再找到比他更好的案例，來證實文字的影響力。

除了蘇格拉底或路德這類為自己辯護的演說，在我們共同的群體記憶中，就屬預言性的談話最具王者風範。有段公認歷久彌新的知名演說，其中所喊出的口號就連孩子都耳熟能詳，那就是一九六三年八月二十八日，馬丁．路德．金恩在華盛頓林肯紀念館前所發表的談話。為了爭取美國憲法賦予每個人的公民權，當天現場總共湧入超過二十五萬人，讓這股醞釀了整個夏季的不平之氣升到最高點。馬丁．路德．金恩是阿拉巴馬州浸信會教堂的牧師，該州在當時奉行種族主義的美國南部，可說是執行得最徹底的一區。許多黑人被當成牛對待，但也有不少黑人接受種族隔離和不公平的待遇其實就是實用主義[8]的具體實踐。金恩在一九六三年八月，巡迴全美各大城進行多場演說，引發熱烈迴響。他在洛杉磯的演講一共吸引三萬名聽眾到場，在底特律則有一萬二千人參與。站在華盛頓林肯中心前演講時，他四十三歲，正準備進行他人生中最盛大的一場演講。

單是列出他在這場演講所運用的修辭技巧，仍不足以掌握其中的精妙之處。以此為題的相關研究可說多如牛毛，然而最值得留意的是：金恩一再透過間接引述和雙關語，隱約呼應林肯廣為人知的蓋茲堡演說（Gettysburg Address），並藉此暗示公民權應對所有人一視同仁。這麼一來，他得以巧妙的將自己定位為愛國主義者，而非造反者；他訴求的對象是全國民眾，而不僅限於那些熱血的追隨者。他最令人佩服的手法，也許就是讓他的聽眾——也就是全美的民眾——感同身受，讓所有人共同沉浸在某個歷史性的時刻裡，再向他們丟出誘人的提議：一同參與歷史性的決定，成為寫下歷史的一分子。金恩總共只有八分鐘的時間，在簡短描述讓人心痛的現況後——黑人面臨種族隔離、貧窮、歧視，以及健康照護不足等問題——他使用了一個隱喻。按照原先的規畫，這個隱喻才是整段演講真正關鍵的修辭元素：一張無法兌現的支票。不過後來反倒是重申六回「我有一個夢」的結語，成為通篇舉世皆知的亮點——而這種事任誰都無法預料：

8 譯注：實用主義在二十世紀成為深刻影響美國法律、政治、教育、社會、宗教和藝術研究的主流思潮，可說是功利化之後的實證主義，其核心思想在於把採取行動當作主要手段，把獲得實際效果視為最高目的。

就某種意義上來說，我們齊聚在國家的首都，是為了兌現一張支票。當初打造這個國家的建築師寫下憲法和獨立宣言兩部偉大巨著，同時也簽下了一張債券，每個美國人都有權利兌現。這張債券是一份承諾，它保障所有人——沒錯，黑人以及白人——不可被剝奪的生存、自由，以及追求幸福的權利。然而，今日的美國在面對不同膚色的國民時，顯然沒有遵守這項約定；而且不但沒有履行這份神聖的義務，更開給黑人一張空頭支票，一張被退回的支票：『支付額度不足』。我們拒絕相信，正義的銀行已破產；我們拒絕相信，那個存放著這個國家的希望與未來的巨型金庫裡，沒有足夠的額度可以支付。因此我們來到這裡，兌現這張支票。

為了避免流於悲情訴求，他在某個段落說得具體：「只要我們長途奔波而疲憊不堪的身軀，無法在公路上的旅館，或在城裡的飯店找到一處歇息之所，我們就絕不會滿足；只要黑人主要的活動範圍，僅是從小型貧民區轉移至更大的少數民族群居區，我們就絕不會滿足；只要我們的孩子遭『僅限白人』的標籤，剝奪走他們應有的自主權及尊嚴，我們就絕不會滿足。」

接著就是充滿傳奇性，如預言一般，重申六回的「我有一個夢」。金恩一開頭便透過近乎戲謔的手法，指出美國喬治亞跟密西西比兩州的落後，隨後向眾人提出一個共同信念作為呼籲，達到整段談話的高峰：「我有一個夢，有朝一日，在喬治亞州的紅山山脈，奴隸之子和雇主的後代可以如兄弟般，並肩同坐一桌用餐。我有一個夢，有朝一日，就連密西西比這片任由不公和壓迫肆虐的焦土，都將成為自由與正義的綠洲（下略）。」

金恩這段談話最後的結語則是：「只要我們允許自由的鐘聲響起，只要我們在每個村莊、每一州、每座城市都敲響自由的鐘聲，就能更快迎向這一天。到那時，所有的上帝之子——黑人與白人、猶太人與異教徒、天主教徒與新教徒，都會向彼此伸出手，一同唱出古老的黑人靈歌：『終於自由！終於自由！感謝萬能的神，我們終於自由！』原文是：『Free at last！Free at last！Thank God Almighty, we are free at last！』」

這場演說落幕三週後，三K黨炸死了四個黑人女孩。白人至上主義者在一間位於伯明罕（阿拉巴馬州）的浸信會教堂裡，設置了十五根炸藥。爆炸發生時，教堂裡正在進行青年禮拜，阿迪・梅・柯林斯（Addie Mae Collins，十四歲）、卡洛・丹妮絲・麥克納爾（Carol Denise McNair，十二歲）、卡洛爾・羅伯遜（Carole Robertson，十四歲），以及辛蒂亞・衛斯理（Cynthia Wesley，十四歲）四名少女當場死亡。她們的屍體被炸得支離破碎，僅能從衣服或配飾的殘塊辨識身分。同樣出席這場禮拜的信眾，另有二十人受到重傷，其中有好幾個是孩童。五年後，金恩在田納西州的曼菲斯（Memphis）遭刺殺身亡，然而他在華盛頓對世界發表的宣言並未跟著一起逝去。美國政府在金恩發表演說的一年後，取消了種族隔離政策，當時的美國總統是林登・詹森（Lyndon B. Johnson）。而就在金恩遇刺屆滿五十年之際，美國人選出了有史以來第一位黑人總統。

為了展示話語的力量，下面將列出史上最知名的十大演說——不計入前面列舉的兩例。至於遴選標準，當然是隨機，次序則是按照年代排列：

一、**摩西最後的訣別演說**：摩西向他的族人誓言，他們將與上帝結盟，然而他自己卻不被允許踏上應許之地，必須在抵達之前死去。這難道是為了懲罰他一向偏袒利未人（Levi）[9]，對其他支派的族人經常粗暴無禮？令人慰藉的是，即使像這樣出色的著名人物，也並未享有特權（「以色列再也沒有出現過像摩西這樣的先知。」《申命記》第三十四章第十節）。

二、**蘇格拉底的申辯**：蘇格拉底被控迷惑青年的自我申辯之所以具煽動性，是因為他誇口，自己並不畏懼死亡。為了嘲諷那些控訴他的人，他滿腔熱血的表示，只要他的靈魂不死，就會找荷馬史詩裡的英雄展開對話。真是狂妄又放肆的發言。他遭人控訴的二百八十條罪行當中，有二百二十一條確立。這項判決結果也為雅典民主制度（及其單純仰賴多數決的機制）抹上一道陰影。

三、**亞歷山大大帝的勵志演說**：如同早前在其他章節提到的，亞歷山大大帝必須為許多遭到殺害的人民負責。他配不上英雄的光環。然而，他在西元前三三五年征戰波斯帝國的途中，為了激勵已經疲憊不堪的士兵繼續前往亞洲，也就是印度的方向前進，曾發表了一段極其著名的演說。他明白的賦予每位軍官折返的權力，（中略）不過，他也沒忘記補上，前方有無盡的聲名與財富，等著那些跟著他繼續遠征的人，而此刻裹足不前者，屆時勢必會悔不當初。語畢，所有人便一同踏上遠征之路。

四、西塞羅（Cicero）反喀提林（Catilina）演說第一講：西元前六三年，狡猾的元老院議員喀提林企圖發動政變，並煽動另外兩名議員，刺殺自己位高權重的連襟西塞羅。刺殺行動以失敗坐收，西塞羅於是召開元老院議會。出人意表的是，喀提林也出席了這場會議。正是在這個場合上所發表的談話，為西塞羅奠定演說家的美名。其中最廣為人知、且被作為表達方式複製無數次的，莫過於西塞羅連珠炮式的反問技巧，而他最有名的開場白就是：「Quo

---

9 譯注：亞伯拉罕之孫雅各（神替他改名為以色列）生了十二個兒子，後來分成十二個支派，利未即是其中一個兒子的名字，他後來的子孫就稱作「利未人」。

usquetamdemabutere, Catalina, patientianostra?」意即：「喀提林，你還要消磨我們的耐性多久？」

五、登山寶訓：耶穌基督的話語，也就是所謂的八福（Seligpreisungen），徹底改變了世人評斷尊嚴、價值和名聲的標準：「虛心的人有福了，因為天國是他們的；哀慟的人有福了，因為他們必得安慰；謙和的人有福了，因為他們必承受土地；飢渴慕義的人有福了，因為他們必得飽足；憐憫人的人有福了，因為他們必蒙憐憫；（下略）」這麼一來，一切就全都顛覆了。

六、丹頓（Danton）[10]的辯護演說：一七九三年一月二十一日，路易十六被送上斷頭台。在那之後，法國旺代省（Vandée）和其他地區便接連發生暴動。革命人士雖然平息了暴動，卻造成死傷無數，至於實際數字則眾說紛紜，估計落在十萬至二十五萬人之間。由丹頓與羅伯斯庇爾（Robespierre）[11]所主導的革命法庭（Revolutionstribunal）[12]，以迅雷不及掩耳的速度，在一七九三年十二月判處並執行超過三千人死刑。原本負責告發他人的丹頓後來亦遭人構陷，背負叛國罪名。成為被告的丹頓明白自己已毫無希望，依照革命期間的規矩，他勢必會被送上斷頭台。丹頓的演說闡述了法國大革命的核心思想，也就是人可以按照自己的體會讓世界更美好：「神在造人的過程中犯下錯誤，我們缺少了某種無以名狀的東西。」然而，這種認為人性先天就不完美的信念，實際上已經悖離了革命精神。

七、西雅圖酋長宣言：美國西北地區的杜瓦米族酋長（Duwamisch-Indianer）因疲於爭鬥，而接受美國政府分配給該族人的保留地。在他動身前往華盛頓特區與政府官員簽下一紙契約之前，發表了一段傳奇性的談話；這段談話在日後——提及「白人」不可遏止的擴張時——亦成為獨一無二的現實主義宣言。這裡所指的傳奇帶有雙重含義，因為這段談話在發表之後，相隔七年才由一名懂得杜瓦米語的殖民者以文字形式出版：「曾有過一段時期，這片土地遍布我的族人，如同微風吹拂大海，掀起陣陣波浪，翻動散落海底的貝殼。然而，這段時光已不再……但我不願為了我族的頹敗傷心，亦不願責難那些一手促成今日局面的白人同

---

10 譯注：法國大革命初期的領導人物和第一任公共安全委員會主席，原為羅伯斯庇爾的政治盟友，後遭其剷除。

11 譯注：法國大革命初期左傾政黨雅各賓派的領袖，於一七九三年國民公會期間取得政權，成為雅各賓專政時期的實際最高領導人。他頒布《懲治嫌疑犯條例》，採取恐怖統治，利用公共安全委員會剷除異己，數萬人被暗殺或處死。

12 譯注：法國大革命期間，國民公會為了審判政治犯在巴黎成立的法庭，成為實行恐怖統治的強大機構。革命法庭由一組陪審團、一個檢察長和兩個代檢察長組成，均由國民公會任命，一旦判決定案後皆不得再上訴。

胞……為何我應該為了族人的命運提出控訴？就連一滴眼淚、一縷幽靈、一曲詩歌都難以追尋，我們已瞥見滿懷意欲的目光如影隨形。部落雖是由一個又一個的族人所組成，然而作為共同生命體的部落，已無法再分割為單一個體。人來人又去，終究與大海浪潮無異。」

八、邱吉爾的〈血、汗、淚〉演說：邱吉爾在一九四〇年五月十三日以新任首相之姿，首度現身下議院，卻只留下苦澀的回憶。由於已卸任的首相張伯倫在位時，致力和希特勒維持和平關係，因此備受愛戴；相較之下，眾議員對這名出身自馬博羅－斯賓塞（Marlborough-Spencer）家族，又是初出茅廬的繼任者難免懷有諸多疑慮。當時採取「閃電戰」（Blitzkrieg）的德國國防軍迅速攻陷荷蘭、比利時和盧森堡，眼看法國兵力就要抵擋不住，面對下議院的敵意，邱吉爾直白的予以回擊：「我可以付出的也不過只有熱血、辛勞、眼淚與汗水！（中略）你們質問，我們的政策是什麼？我可以告訴你們：就是開戰！陸、海、空三軍全面動員！我們要精銳盡出、全面備戰，卯足上天賦予我們的全力。我們的政策就是以戰爭對付這個跟怪物沒兩樣的暴君，就算翻遍人類犯罪史上最黑暗的篇章，也沒有人可以超越他。這就是我們的政策！」

九、甘地的〈退出印度〉演說：為抵抗大英帝國的殖民統治，甘地發起全國性的非暴力不合作運動。一九四二年八月八日，他在孟買（Mumbai，舊稱Bombay）舉行的全印度國大黨委員會（All India Congress Committee）上發表演說，可被視為這個運動的開端：「我在獄中閱讀了卡萊爾（Thomas Carlyle）[13]撰寫的《法國大革命》，而賈瓦哈拉爾．尼赫魯（Pandit Jawaharlal）[14]也和我討論過一些關於俄羅斯在一九一七年發生的一系列革命。我堅信，一旦採取武裝暴力進行革命，就等於背離了民主的理想。我眼中的民主，不應以暴力去爭取，而且最終將讓所有人民享有自由。」他的號召引起熱烈迴響，多達數十萬名印度民眾加入罷工與抗爭的行列，導致全國陷入停擺。經過長達五年的努力，印度終於得以成為一個獨立國家。

十、羅納德．雷根於布蘭登堡門（Brandenburger Tor）前的演說：我的孩子們，名副其實的柏林人，你們一定無法想像，這座城市（以及一半的歐洲）一度遭人以圍牆、鐵絲網和射擊裝置隔成了兩半。美國總統雷根曾在一九八七年到訪柏林，在市中心的圍牆前發表了一段演說（「戈巴契夫先生，來推倒這堵牆吧！」），卻受到世人的譏笑。當時，東西兩邊的菁英分子已然接受世界分屬美蘇兩大強權以及數百萬人遭到囚禁的事實，但雷根的一席話破除了這種陰謀論；兩年之後，柏林圍牆便走入歷史。

13 譯注：英國維多利亞時代甚具影響力的作家、歷史學家與知識分子。
14 譯注：印度獨立後第一任總理，其女英迪拉．甘地（Indira Ganhdi）即為著名的甘地夫人。

第十章　凡事有開始，就有結束……

為什麼現在是關鍵時刻

對於全世界上最後的祕密，直到最後審判日到來前，即使是最高的天使仍可揭示出新的事物。

——神學家　阿奎納

每一本還算嚴謹的歷史書尾聲，總會印上這麼一句話：「這一切可能會有完全不同的結果。」事實上，這一切勢必有可能完全不同。有一段時間，歷史學家們總愛臆測：如果二十世紀初期最關鍵的那幾年，德國不是由怪咖威廉二世（Wilhelm II），而是由他崇尚自由思想的父親腓特烈三世（Friedrich III）統治，現在的德國會是什麼局面？

現已鮮為人知的腓特烈三世，是個溫和又聰明的自由主義者。他的妻子是英國維多利亞女王（Queen Victoria）最疼愛的女兒維多利亞公主。腓特烈三世在位時，夢想建立一個類似英國的君主立憲體制，他終其一生都在等待繼承年邁父親威廉一世（Wilhelm I）的王位，以便一展抱負，完成改革德國的宏願。一八八八年，他終於登上王位，滿腔熱血和抱負的他已經五十六歲了，還罹患癌症，登基九十九天便撒手人寰。維多利亞公主和腓特烈三世富麗堂皇的陵墓，恰如其分的設於德國波茨坦（Potsdam）的和平教堂（Friedenskirche）。壯志未酬的腓特烈三世去世後，由人稱複雜綜合體的威廉二世繼位。他受到一群擅長逞凶鬥狠的政客、工業家和輿論製造者慫恿，進而引發第一次世界大戰。

如果那個在位僅九十九天的皇帝沒有罹患癌症，情況將有何不同？如果長期統治德國的是他，而不是威廉二世，那又會如何？德國會因此提早成為民主國家嗎？第一次世界大戰就不會發生了嗎？是不是也不會發生第二次世界大戰了呢？以下這個問題光想就令人心情愉悅：如果十二世紀時，耶路撒冷著名的征服者（庫爾德裔）薩拉丁（Sultan Saladin）接受英格蘭國王理查一世（Richard Lowenherz）的提議，讓他的弟弟與英格蘭國王的妹妹結婚，共組一個基督教穆斯林王國，結束東西方之間長年令人厭煩的爭端，如今的世界會是什麼情景？

另一個問題是：如果希特勒和他的兄弟姊妹一樣童年就夭折，那又會如何？如果柏林圍牆倒塌後不久，克里姆林宮衛隊為反制戈巴契夫發起的政變成功？如果波斯戰勝希臘？如果古羅馬帝國的君士坦丁大帝不信奉基督教，而是推崇摩尼教？如果羅馬帝國皇帝狄奧多西一世（Theodosius）於西元三八〇年宣布摩尼教為羅馬國教？如果中世紀末期，法蘭克人未在普瓦捷戰役（Poitiers）中擊敗信奉伊斯蘭教的阿拉伯大軍？那麼我們如今就會大啖清真食物，連機場也走摩爾式建築風嗎？或者根本不會有機場呢？

史料編纂最大的誤解之一，就是凡事勢必如它所發生的發生。西元三、四世紀時，摩尼教盛行的程度遠勝基督教。摩尼教是一種人性化的宗教，其創始人為出生於巴比倫的摩尼（Mani, 216-276）。該教從中國經整個東方世界傳到英國。摩尼教最令人激賞之處在於，它是一門混合基督教、東方思想，甚至佛教元素的自由宗教，所以任何人都可以根據自己的出身、傾向和需求來詮釋宗教，完全不會和他人產生衝突。

摩尼教不排擠他人，給予個人差異性很大的空間，也崇尚和平。例如：摩尼教承襲了東方對於靈魂解脫和輪迴的信仰觀念，他們堅信人在宇宙中處於追求救贖的不同階段。低下的邪惡被接受為塵世的一切。凡站在最上層者，必須屏棄塵世的一切（墮落），摩尼教教義要求這些人嚴守禁慾主義，亦即禁肉、酒精、性，換言之，放棄所有令人快樂的一切。但該教對廣大民眾的要求明顯低得多。摩尼教雖然宣揚高尚的道德理想，但這些理想僅限於那些自認身負重責大任者，他們並不會將任何不切實際的限制和義務加諸一般百姓。但令人詫異的是，摩尼教雖然擁有高超的適應能力，也曾名震一時，但終究禁不起時間的考驗。

然而，歷史最令人咋舌之處就在於情節經常出人意表。英國作家卻斯特頓（Chesterton）曾心血來潮的想像，西元五七〇年左右的拜占庭高官在面對與波斯長期的戰爭，以及後來的哥德人和斯基泰人（Skythen）等新的外患時，可能會有哪些煩惱。況且在此同時，遠在其轄區之外有個對一切毫無所懼的男孩出生了，他的名字叫作穆罕默德。年輕的伊斯蘭教所向披靡，取得多次軍事勝利，其勢力輝煌了四個世紀之久，當時的人們無法想像，擁有決定世界力量的伊斯蘭教也有式微的一天。十八世紀中葉，法國國王重新掌權，統治著令全世界既嫉妒又羨慕的帝國。但一個世代之後，與舊權力相關的一干人等全被斬首，徒留草草掩埋在集體公墓下的唏噓。

如果聽到有人因出身而失去工作，或被剝奪市民權利，三〇年代初期的維也納人、漢堡人，或布達佩斯人（他們的父祖輩可能是顯要的國家官員或教授），肯定會譏為無稽之談。哲學家維根斯坦來自維也納三大富有望族之一，他的母親於一九三五年親筆寫信給當時在柏林的政軍領袖戈林，問他怎麼會有這種種族規定的荒謬言論，德國納粹是不是都瘋了？對一個薩克遜警察局長，或擁有德國萊因騎士勳章、祖父是猶太裔的歐洲人而言，無緣無故就被逮捕的場景實在離譜至極。荒謬得簡直就像一個生活在西非叢林裡的愛家男人，突然間被不知打哪冒出來戴著多彩帽子和金屬盔甲的男人五花大綁，然後被迫橫跨大西洋，來到世界的另一端採收棉花……

這種故事就像紐約布魯克林人所說的「hits you like a bus」，因為公車總是從你預想不到的方向駛來。或者就像一位西班牙政治家曾說的：不確定的年代就是最安全的年代，因為我們至少明白自己的處境。如我們所說的：等公車撞上我們，我們就明白了，不言而喻。最劇烈的革命總是無聲無息的發生。此刻，就在這個時候，我們或許正在經歷世界史上最重要的變化之一，但我們渾然不覺。百年後的人可能會說「從千禧年開始就出現……」，但正當後人口中所述現象發生之際，我們正坐在露天啤酒館，肆意的享受溫暖的十月陽光，手裡還不停的檢查電子郵件。

而有關家庭或國家的議題：五百年前，只有精神病患和僧侶沒有家人，一直到一百年前，人們還普遍認為，獨居者一定是個怪咖，總引人側目。如今，英國的單身人數占總人口的三分之一，但至少中歐國家提供民眾全民醫療保健，讓他們無後顧之憂，這種照護和安全感過去全仰賴家人。國家的角色呢？我們最後一次感覺國家很偉大，把它的發威視為歷史上最重要的事，是在冷戰期間。但在現今的世界裡，它的重要性（如果還存在的話）疾速萎縮。或許真如作家彼得・葛拉塞（Peter Glaser）所稱，臉書是欲求不滿的世界強權的縮影？[1]而邊界的概念同樣也逐漸抽象化。或許一百年後的人回顧時會認為，國家和家庭的解體是人類歷史上最重大的變革之一。另一方面：單就人類有預測能力這個事實，就足以證明其具備一定程度的可能性，但矛盾之處也在於，事情正好不是預測的那一回事。

為了預測未來的風險，或許我們必須深入了解我們在什麼情況下最有安全感。或許面對一個新的獨裁者，最能讓我們感到安心，因為我們已經對獨裁者免疫了，也就是說我們太過民主化了。但如果臣服於專制是自願的，例如：人們甘願受到谷歌或臉書監控？如果專制就是民主呢？

同樣可以想像的是，一個開放的社會基於過度的自由無法阻擋其內在的反對者，而出現怪誕的行為。另一種場景也可能發生：民主也可能起而反抗，排除所有不具民主共識的人。於是，所有的死敵、憤怒的民眾、反同性戀者和狂熱的宗教分子全被逐出，最後終於只剩下好心人，社會也終於達成了共識。但問題是：這根本不是我們追求的價值。一個為了達成共識不惜一切代價的社會，也太不歐風了。

歐洲人的DNA裡蘊藏著衝突和靈魂不安定性。人們常混淆了自由主義和多元主義。但多元主義和嚴格的自由主義之間，最關鍵的差異性在於：多元主義對於道德和政治問題沒有最終拍板定案的見解，或說它容許存在各種不同的見解。一個多元的社會必須容忍，這些見解有時是無法相容的。這需要寬容的能力，甚至面對反自由意識者時也是如此，即便這麼做很難，也必須如此。具體而言，我們的政府必須要求移民來歐洲的保守派，甚至激進派的穆斯林遵守我們的法律，但我們無權要求他們拋棄原本的信仰。我們不僅應對穆斯林如此，對充滿不安、恐懼和仇恨的德國極右組織Pegida[2]追隨者，或基督教基本教義派，也理該如此。我們無權將這些人驅離我們的社會。

早在二百年前，法國政治學家亞歷西斯・德托克維爾（Alexis de Tocqueville）對甫建國不久的美國所作的評價中就曾描述，「排他」以非正式的方式（即一種沉默的共識）視異議者為愚蠢之人。他也證實了其核心有多麼不民主。美國便流傳著有關其建國神話的笑話：英國的長老派教徒為什麼要逃到美國？因為他們想擁有信仰自由，在他們擁有信仰自由後，再去強迫他人去做和他們相同的事……如果我們只因他人不是自由享樂主義者，就說他們是笨蛋，我們的行徑也未免太不自由了。因為這麼一來，我們捍衛的自由主義無可避免的也將變成空談。如果想捍衛自由，最好的方法就是從捍衛妨礙他人者的自由開始。嚴格來說，除了藉由

1 作者注：〈藍色星球〉（Der blaue Planet），《南德日報》，No. 24/2016。

2 譯注：為德語Patriotische Europäer gegen die Islamisierung des Abendlandes縮寫，意指「歐洲愛國者抵制西方伊斯蘭化」。此為盧茨・巴赫曼（Lutz Bachmann）在二〇一四年十月於德勒斯登發起的政治運動，意在爭取保護德國及歐洲社會的猶太—基督教文化。

展現其生活形態的魅力來吸引他人，自由主義就別無其他自我宣傳方法了。一旦自由主義開始和其他意識形態一樣，透過教育改造或排他性來吸收反對者，便違背自由主義的真諦了。

在思考正義和非正義的政治意識形態背後、在如果沒有這個或那個，歷史可能會如何改寫的所有猜測背後、在對未來的所有展望背後、在為了創造一個更美好世界的所有努力背後，存在著一個我認為是上述所有一切的先決條件：歷史具有意義和目的，也就是說，歷史是可以解釋的。但果真如此嗎？歷史可以解釋嗎？例如：透過書本解釋？然後像蓋上蓋子一樣，在最後一章做出結論？或許甚至可以將世界史的概要濃縮成一個公式？

例如，我們可以告訴德國哲學家和精神病學家雅斯培：「我們最新的歷史現況是人類真正的團結。」因為在任何角落發生的一切，都與全人類息息相關。以色列歷史學家哈拉瑞也曾這麼說過。三千年前，世界上僅有五十萬個分散的小型文化。根據哈拉瑞的說法，人類的歷史簡單來說就是從完全孤立的小型文化，發展到全球化整體網絡的過程。先是美洲、歐洲，然後是非洲，最後是全世界。如今，全世界的每座機場、每家飯店、每條購物街看起來大同小異。如今，世界上無處不受到全球化的影響。我們可以視歷史為世界的歐洲化，浩大的全球文明發展過程。

但那些沒有全球化痕跡的歷史遺跡呢？如敘利亞古城帕米拉？那曾經是世界上最富庶、

最文明的城市之一，如今被野蠻人糟蹋得遍體鱗傷。敘利亞首都大馬士革呢？在近古時代，大馬士革曾是世界哲學中心，而今呢？我們似乎很想遺忘這個世界曾比現在更全球化、多元化。世界史上曾經有過那樣的時代，無論是出身城市上層階級的人、非洲人，或曾是「巴爾幹半島野蠻人」的羅馬人，都可以成為羅馬皇帝。我們這個世代標榜重視多元文化，卻忘了，文化早在我們之前就已經存在，部分文化過去甚至比我們現在更多元、更繽紛。

隨著全球化社會變成一個龐大的世界家庭，有些東西似乎並未隨之揚起。為歷史賦予一個代表性的特性，例如「全球化」，總讓人感到興奮莫名。但我們必須記住，為歷史找出某種秩序性的作法，畢竟只是一種勇敢但同時令人絕望的嘗試，因為我們最終無法完全看透這個秩序性。一個能夠完全解釋、不留下任何疑問的歷史，會是什麼樣的歷史？但如果我們能意識到自己的見解有其局限，那麼我們隨著人性喜歡歸類秩序的本性，根據歷史的規律性解釋歷史也不為過。

美國知名經濟學家彼得．伯恩斯坦（Peter Bernstein）對歷史也有精闢的詮釋。他說，人類的歷史可視為一種戰勝威脅的證明。在人類的初期發展階段中，人類還暴露在不明朗的力量之中，必須竭盡所能才能存活。當時的人類過著一種危險卻豐富的生活。於是人類學會了未雨綢繆，事先衡量和計算風險。伯恩斯坦說，當人類開始懂得衡量風險，就等於進入了現代生活。他說，數學和統計為我們打開寬廣的世界。現在，我們只要打開冰箱就有食物可吃，我們生活在處處有空調的舒適環境裡，被各種義務束縛著。冒險只存在於虛擬之中，現代人的生活風險已經降到最低。

十七世紀中葉，法國神學家布萊茲．帕斯卡（Blaise Pascal）發現的機率論，為人類的生活帶來突破，我們所有的貿易、銀行、保險、健康和退休系統全以機率論為基礎。自十七世紀以來，我們的風險管理更臻完美了，讓我們在曾經危險又充滿災難的世界中安然無恙。所以說，理論還是有點道理的。人類大部分的祖先夜夜無法安眠，甚至兩個世代以前的歐洲大約每三十年還會爆發大小不一的戰爭。如今，火車只要遲到幾分鐘，或是搭飛機時座位太窄，我們就怨聲載道。我們碰到芝麻小事就覺得困擾，在面對天災或恐怖攻擊時更是手足無措。我們試圖迅速找到簡單的解決方法，但這些速食方法往往助益有限，只會加深我們以為已經全盤掌控世界的錯覺。

所有致力於解釋世界的嘗試背後，都有一個共通點：賦予世界一個意義。我們在陳述歷史的那一刻，便賦予了歷史某種意義，因為那是人類的期待。我們可以拒絕以人為中心來講述歷史，也就是完全撇開人類的角色（或者將人類視為問題製造者）。但如此一來，一切又將變成歷史，所有一切具有相同的意義：曾發生的一切，甚至連一塊石頭的落下和雨滴的滴落，都只剩下客觀的事實。這樣一來，歷史就沒有敘述的意義，也毫無意義可言，於是我們終究達到努力編撰每一部歷史時的目標。這就是歷史哲學的專業概念。對真正對歷史感興趣的人而言，這才是唯一真正有趣的原則。畢竟確實發生了什麼並不是最重要的，重要的是：這一切導致了什麼結果？這最終變成了一個神學問題。但這樣的結果也還可以接受，因為在這麼膚淺的歷史通用設計中，應該也少不了末後之事這個問題。所以說，我們也是人類不斷（至少在回顧時）述說和理解的歷史的一部分嗎？一個有開始和結束的歷史嗎？歷史在本質上是有限的嗎？它有目標嗎？對歷史無感的人，可以直接放棄上述有關歷史的目標，以及歷史有開始就有結束的問題。

出生於德國明斯特的偉大哲學人類學教授尤瑟夫．皮柏（Josef Pieper）曾說，會把「早就」（「希臘人早就……」）和「還」（「老人們還知道」）掛在嘴邊的人認為歷史發展是單向的，也就是朝向某個地方、某個狀態（不是完美就是災難）發展，換言之，最後一定會出現一種目標狀態。但古代的希臘人有不同的看法，亞里斯多德的追隨者或許仍然相信歷史是一種不斷重複的自然循環。印度文化中也有這種重複的觀念，我們認為時間一去不復返的想法，對他們而言是完全陌生的。以前的埃及人毫無過去和未來的概念，他們完全否定木乃伊和來世傳說最能表達的時光流逝性。歷史發展的觀念，亦即凡事有開始就有結束、凡事都是單向進行的想法太過猶太，因此也太過基督，太過歐式。

自近古和中世紀以來——從奧古斯丁、阿奎納到馬克思——末世場景和對歷史目標的推測，已深植於歐洲人的傳統。歐洲人無法擺脫這樣的觀念，連我們的語言也是如此，拉丁文的finis，法文的fin，義大利文的fine，英文的finish，就連色彩最淡的德文字「Ende」（結束）也同時具備「目標」的意涵。可能是因為在我們的思維中，不是目標，就不是結束的終點。但有趣的是，超越終點以外的一切超出了我們的想像範圍。我們嘴裡雖然會說「歷史的終點」，但事實上並不明白它真正的意涵。而結束以及結束之後的一切，是我們無法想像的，因為我們欠缺這方面的理解能力。

人類可以想像的是毀滅，但即便是徹底的毀滅，也會留下如粉末般的痕跡。但以人類的力量，既無法實現也難以想像完全的毀滅，也就是皮柏所稱將人類的存在回歸虛無。那將會是創造的逆轉，而這又是創造的先決條件。相信歷史會結束——即虛無的存在——等同於相信神，因為存在與虛無之間的差異是創造行為的先決條件，這也是許多物理學家努力排除更高智慧力量的原因之一。物理學家都知道，不是只有地球和太陽是有限的，整個宇宙都是有限的。我們可以精準計算出，五十億年後的太陽體積會大到燒死地球上所有生物，在那之後的五億年後，太陽會逐漸萎縮、冷卻，和宇宙一樣走到可計算到的終點。然而，各界對於太陽和宇宙走向終點的方式仍有分歧。「大凍結」是最普遍的理論之一，根據這個理論，宇宙不斷膨脹到溫度達到絕對零度左右會逐漸凍結，最終邁入「大撕裂」（Big Rip）和「大擠壓」（Big Crunch），宇宙隨之破滅。

但思考歷史的終點有意義嗎？我們能對歷史的終點說出什麼有意義的心得呢？畢竟我們沒有任何可以依循的經驗值。從奧古斯丁、日耳曼皇帝的使者——哈維堡的安塞姆（Anselm von Havelberg, c. 1100-1158）、弗賴辛主教奧托（Otto von Freising），一直到法國籍猶太裔預言家諾斯特拉達姆士（Nostradamus）所描述的中世紀西方歷史結束之前，都曾歷經一種類似結束的戰役。從基督教的解釋來看，結束之後，基督的再臨，即上帝的國度，被視為一種偉大的補償，讓飽受塵世之苦的人有機會平反。「他把強大的君王從寶座上推下去；他又抬舉卑微的人。他使飢餓的人飽餐美食，叫富足的人空手回去……」[3]（〈路加福音〉一章五十二至五十三節）」過去，對歷史的終點和歷史有開始就有結束的想法，在歐洲大部分時間是理所當然的。基督教透過文藝復興讓末世論思維延續到啟蒙運動，但在人類理性不斷啟發

---

3 作者注：什麼時候？早在耶穌那個時期的人就一直生活在「等待與期待」（相信耶穌即將再臨的期待）的狀態之中。經過這麼多基督徒的解釋，我們早已身處不詳的恐懼之中。

下，相信人類會不斷進步的信念取代了人類對上帝的信仰。

瑞士歷史學家依薩克・伊塞林（Isaak Iselin）所著《人類歷史》（*Uber die Geschichte der Menschheit*），是十八世紀下半葉最暢銷的書籍之一。該書的基本觀點是：黃金時代並不在我們後面，而是在我們面前！不久後，德國詩人席勒（Schiller）在他的《歡樂頌》（*An die Freude*）中，也以彷彿聲音般的文字表達一樣的想法：「四海之內皆成兄弟……」、德國哲學家費希特（Fichte）提出的「性別不斷在進步」、康德對「真正文化」以及「永恆和平」國度的夢想，一直到美國總統羅斯福與英國首相邱吉爾共同簽署的聯合宣言《大西洋憲章》（「……並保障所有地方的所有人，在免於恐懼和不虞匱乏的自由中安度一生……」）——這一切都屬於西方遺產的一部分。而開明的進步樂觀主義，乃是建立在所謂末後之事的基督教—西方神學上。共產黨宣言對終極目標的展望，說穿了不過就是阿奎納所言的那個「神國」的世俗化版本。

根據基督教思想，想在地球上建立天堂，其實是基督之敵的妄想。此種思想的盛行正是最後一場可怕戰爭的前奏。根據基督教的說法，萬世結束時，人權自由和尊嚴的捍衛者是受到壓迫的少數派。

這些末世場景只是迷信的胡謅嗎？人類找到最後謎題的解答，真的只是時間問題嗎？每個問題都能找到一個技術性的答案嗎？如果在最後的祕密之後出現所謂的生命科學？那麼是不是所有曾被視為信仰的一切，最後都成了迷信？另一方面：我們已經知道了些什麼？直到五分鐘前，我們都還不知道房間會彎曲和捲曲。或許這個世界存在著平行宇宙，其他宇宙的事物運行方式和我們這個宇宙截然不同。或許哪天我們也會突然發現，以嚴格的科學意義來看，甚至連「我」都不存在，我們只不過是漂浮在空間中的基本粒子，不時在存在與不存在之間擺盪。蓋亞理論（Gaia Hypothesis）的支持者很久以前就認為，個人化的「我」被高估了，我們只是地球這個巨大有機體的細胞。無論如何，不論是個體或是集體，我們的存在在所有可能的浩瀚宇宙中真的微不足道嗎？或許是吧！這麼說來，發生核戰也無所謂了吧。那刑求呢？飢餓呢？愛呢？

我的朋友愛絲特·瑪麗亞·馬吉斯（Esther Maria Magnis）[4]有段美好的少時記憶。她說起和父母親吃晚餐時與一個男人相遇的情節，這個聰明自信的男人以科學的角度針對人類的微不足道侃侃而談：「那男人的身旁坐著他的妻子，她面露驕傲又感動的笑容，但並未仔細聆

4 作者注：《神不需要你》（*Gott braucht dich nicht*）作者，羅沃爾特（Rowohlt）出版社二〇一二年出版。

聽剛才的談話內容。我激動的嚥了嚥口水。『您愛您的妻子嗎？』我這麼問他。叉子碰撞餐盤的聲響突然停止，他轉頭看了看他的妻子，大家不禁笑出聲。然後我又說：『我不相信您，因為您無法證明您說的話。您只能說她擁有一種吸引您的味道，您對她的忠貞是出於社會義務或自身利益，因為您需要溫暖的家，因為她幫您扶養小孩。如果我是您的妻子，我一定會覺得很悲哀。』」愛絲特的這番話惹惱了父母，但她說得一點都沒錯。

如果沒有懷抱著我們的存在並非毫無意義、愛不只是大腦中的一種化學反應、世界上有善有惡、人類不只是偶然誕生的生物、人類的歷史有其目的、我們是某種意義的一部分等等期望，我們人類根本活不下去，除非你是像莎翁筆下的馬克白一樣的怪物。馬克白在死去前曾說：「人生不過是一個行走的影子／一個可憐的戲子／在舞台上蹙眉跨步，粉墨登場片刻／便悄然而退／它只是個故事／由愚人所述／充滿了聲音與憤怒／卻毫無意義。」換句話說：人生不過是一個愚人所述的故事，所以你想幹嘛，沒人在乎。

這樣的說法無法滿足有思想的人。反之，如果我們願意靜下心來，聆聽自己的內心（蘇格拉底認為，每個人的內在都擁有最高的知識，只是需要時間去挖掘），善惡存在的想法就不是那麼不合理了。那麼人類是遇見了善、而非發明了善這樣的想法，對我來說也是合理的。直覺性理解也會傾向於善高於惡，誠如忠誠比背叛偉大，助人比殺人正確。如果意識到這一點，你會明白自由是生命中最美好的禮物，也是最大的負擔。或許選擇善與惡的自由，是人之所以為人的第一個要素，然後才是惡，包括歷史中的惡，最後是我們為自由付出的代價。相信善惡有別的人，相信世界有其意義存在。他們擁有這樣的信念，有信念者，也懷抱著希望。懷抱希望者，也能肯定這個世界，包括它的不完美，正因為它的不完美讓我們不時面對善與惡的抉擇，讓我們面對我們的自由。也就是說，我們要將現實，即在世界上的痛苦視為禮物，還必須不斷嘗試修復這些痛苦，不厭其煩的一個接一個承受。但在意識中，我們非常清楚，這只不過是應急的措施罷了。

或許我們可以用一句話總結人類歷史，西方文化最重要的思想家之一奧古斯丁也曾這麼試過，我們就讓他在這裡現身說法。來自北非的奧古斯丁如果生在這個時代，可能也會有非法駐留歐洲的問題。如前所述，這個世界曾經很國際化……但奧古斯丁將世界歷史視為兩種愛之間的戰爭：一種是對自己的愛——在極端情況下會導致世界毀滅的愛，另一種則是對他人的愛——在極端情況下會放棄自己的愛。人類每一次進步都是這種原始人類對自己的愛的結果，同時也是最終的徵兆。要理解這一點，不需要像奧古斯丁那樣深信不疑，只要看看人類對地球的影響就足夠了。

後記　世界歷史上最頑固的錯誤

鉅細靡遺的描述未曾發生過的事件，不僅是歷史學家的任務，也是每位真正文明人不可剝奪的權利。

——愛爾蘭作家和詩人 奧斯卡．王爾德（Oscar Wilde）

本書即將進入尾聲，你覺得你現在變得比較聰明了嗎？當然沒有吧！但一點也不必擔心，因為了解越多，也越明白我們所知真的很有限。這很正常，這是事物的本質。我們每打開一扇門，就會遇到另外三道門。威瑪時代的歌德曾在《浮士德》的開篇獨白中，一語道破這種進退維谷的絕望心境：

如今，唉！哲學、
法學和醫學，

遺憾還有神學，
我全以努力鑽研，
可到頭來仍是個傻瓜，
並未比當初聰明半點！
枉稱碩士甚至博士，
轉眼快到十年，
牽著學生們的鼻子
左右東西原地打轉
最後卻發覺一片茫然。
我因此憂心如焚。

如果有人熱中科學，而且非常德式（這兩種特性有志一同的成為浮士德的代名詞），那麼知識的局限性可能會讓他心急如焚。但有些人認為，所有知識本來就是零碎、不完整的。我在德國頗具規模的日報擔任編輯，私下和朋友相聚時（就像現在），我總愛說我從事的產業是資訊幻覺工業。報紙就像一本書，給人一種「重要資訊可以一目了然的方式出售」的感覺。令人訝異的是，每天總會發生那麼多剛好塞得進報紙篇幅的新聞……當你「閱讀完」一整份報紙，就像闔上一本書，把報紙或書本放在一邊，總感覺自己掌握了一切資訊。在這個快被資訊氾濫淹沒的時代，這種感覺至少讓人感到安心。但總還是多少在意，我們懂的只不過是皮毛。

啟蒙運動時期的百科全書編纂人，或許還能自信的用一萬八千頁、七萬一千八百一十八篇文章來記錄人類文明的所有知識。有人說維多利亞時代的作家湯瑪斯・卡萊爾（Thomas Carlyle）閱讀了他那個時代的所有書籍。現在這個年代，有誰敢如此狂妄自稱？如今網路上每秒上傳的資訊，可能遠超過過去一萬年的文字書籍總量，總之這是個資訊爆炸的年代。現在如果有人說「你的消息可真靈通」，那就好比有人對剛從大海游完泳起來的人說「哇，你全身濕透了！」。除了歌德，美國前國防部長唐納・倫斯斐（Donald Rumsfeld）也曾針對第三次波斯灣戰爭的不可預測性說道：「已知的確定性是，我們知道有些事物是我們知道的，已知的不確定性是，我們知道有些事物是我們不知道的。但這世界上還有一種未知的不確定性——就是有些事物是我們從來不知道我們竟然不知道的。」這番話的原文聽起來更是繞口：「There are known knowns; there are things we know we know. We also know there are known unknowns; that is to say we know there are some things we do not know. But there are also unknown unknowns – there are things we do not know we don't know.」

我們必須滿足於知識的局限性，還好這世界上還有一些屬於常識的事物。只是這些事嚴格來說大抵只是廢話，或頂多只有一半的真實性。珠穆朗瑪峰是世界上最高的山峰，希特勒是素食者，詹姆士・龐德（James Bond）最愛的飲料是Dry Martini調酒。可惜，這些全都是錯誤的。從海底測量，夏威夷的毛納基山（Mauna Kea）比珠穆朗瑪峰還高。希特勒喜歡吃小香腸，他一定是基於健康因素才偶爾不吃肉。英國作家伊恩・佛萊明（Ian Fleming）作品改編的詹姆士・龐德系列電影中，龐德總共喝了一百零一杯威士忌，但只喝了十九杯Dry Martini。

資訊產業長期以來所發出的噪音將逐漸變成一種負擔，因為我們雖然可以自由存取幾近無限的數據和資訊，但這些資訊的來源卻越來越不透明化。社交網路上經常有人「分享」各式各樣的新鮮事，但仔細一問，卻沒人知道這些資訊出自何處。有一段時間，多數人家裡總會擺上一本百科全書，現在則被「網路」取代了，因為網路上除了高明或生澀的陰謀論外，不管什麼議題都能找到牛津大學的研究。如果潛入資訊汪洋的時間夠長，你會突然發現，英國女王不只是共計十六個國家的元首，也是以色列情報部門摩薩德的女特務、有著人形的外星人或爬行動物，而納粹大屠殺是虛構的。

當各界義正詞嚴的抱怨我們這個時代資訊太過氾濫之際，或許也正是釐清以下事實的好時機：這並非我們數位資訊時代的特有現象。一直以來，我們都處於所知太多和太少並存的情況。這是人類矛盾的一部分，甚至也許是人類矛盾的起源。亞當和夏娃偷吃什麼樹的果實？[1]如果沒有求知欲望、沒有研究現實，以及藉此讓我們的生活更美好的衝動，我們現在應該還天真的坐在天堂裡。果真如此，那麼我們可能和生活在樹上的動物毫無區別。對知識的渴求是人類最原始的衝動，同時也是所有不幸的根源，因為我們不以所擁有和所知的為滿足。

因此，最明智的作法就是知道自己所知有限，承認這一點真的需要很大的勇氣。我們都知道，我們生活的社會裡充滿了比我們更酷、更聰明、更有文化的人。無論我們是學齡前的兒童、劍橋的博士生，或是保險集團會議的參與者，每個人都有歸屬的需求，不想被排除在外的渴求。在學校：「你昨天有看最新一集的《辛普森家庭》嗎？」再長大一點：「您知道大陸作家莫言的新書嗎？」——「當……然知道啊！」即便您根本不知道對方在講什麼，您還是會點頭如搗蒜的附和，緊緊的握住葡萄酒杯，不讓人看出內心的緊張和不安。

---

1 作者注：自己去google！關鍵字：知識之樹。

您聽過偉大的人類學家阿什利・蒙塔古（Ashley Montagu）的著作《*Growing Young*》嗎？（您發現了嗎？現在正在印證我剛才提出的論點！您當然不會知道這本書！）蒙塔古直到一九九九年去世前都住在普林斯頓（Princeton），也就是愛因斯坦的母校。他是一位偉大的人類學家和教育家，在兒童發展心理學方面的研究更是名聞遐邇。他的論述之一是：渴求知識是人類最基本的本能之一，與其生存本能密切相關。早在嬰兒時期，我們就知道透過眼神的接觸、透過視覺探索照顧我們的人來搜集資訊，滿足我們的需求。蒙塔古表示，人類對資訊的渴求不會停止，是所有孩子提出「爸比，為什麼……？媽咪，為什麼……？」等天真問題背後的驅動力。但不知從何時起，我們不再提出這種不帶成見的問題——罪魁禍首就是主張知識至上、視無知為羞恥的西方文化。智慧的蒙塔古認為，我們教育系統的方向在於斥責無知以及讚揚（外顯的）知識。

我們從中學習到什麼？對於口耳相傳的知識應提出質疑。為了讓各位保持敏銳的判斷力，以下列舉幾個與事實不符的謠傳，這些謠傳可能是因為某人一時口誤，但又錯過承認自己說錯的時機才會產生。其中有些是因為誤解，有些則是為了宣傳，比如天才交通策劃師希特勒發明了高速公路，或是中世紀的民眾就是因為愚昧才會誤以為地球是一個平面。所以，我們應該訓練自己對「知識」保持懷疑。以下是幾個常見的誤解：

德國的高速公路是誰發明的？

發明高速公路的人是前德國總理康拉德・艾德諾（Konrad Adenauer），不是希特勒。希特勒統治下的國家社會主義時期大舉擴建高速公路，此舉被當權者拿來大作宣傳，讓人誤以為高速公路出自希特勒的想法。德國最早的高速公路計畫始於一九二〇年代，第一條高速公路（就是德國今日的A555高速公路）連接科隆和波昂，該高速公路的興建案是由時任科隆市長的艾德諾策劃推動。一九三二年八月六日，這條高速公路在艾德諾見證下正式啟用，是當時的一大創舉：四線道、筆直、全程無十字路口。

埃及的亞歷山卓圖書館是被伊斯蘭教徒燒毀的嗎？

不是的。在穆斯林到達亞歷山卓城時，亞歷山卓圖書館早已荒廢多時。最早的傳聞說，是伊斯蘭教第二任哈里發歐瑪爾於西元六四一年占領該城時，摧毀了這座圖書館。亞歷山卓圖書館當時為拜占庭帝國所有，是亞歷山大大帝（西元前三三一年）建立亞歷山卓城時代重要的文化中心。雖然亞歷山卓城當時仍是世界的精神中心，但這座圖書館已經毀損，在羅馬人占領亞歷山卓城後（西元前三〇年），逐漸喪失其重要性。但在不時口耳相傳的軼事中，往往隱藏著些許真實：近古時期最重要的基督教圖書館不是亞歷山卓圖書館，而是位於現今巴勒斯坦的凱撒利亞（Caesarea）圖書館。這座圖書館確實是在西元七〇〇年遭伊斯蘭教的征服者摧毀，導致早期基督教大多數精神資產和希臘哲學家的重要手稿因此失傳。

所以說，亞歷山卓圖書館遭毀的流傳中還隱藏著些許真實。但另一個謠言就不是這樣了，有謠傳說伊斯蘭教強行將他們占領的地區伊斯蘭化。基於非常實際的因素，這根本不符合伊斯蘭統治者的利益：因為哈里發國向非伊斯蘭教者課徵極高的稅賦。當時的北非是伊斯蘭教統治的基督教核心區，經過數世紀以後才有約一半的民眾改宗伊斯蘭教。

美國前總統布希年輕時曾是德州牛仔？

布希非常擅長經營和塑造形象。他在二〇〇〇年對抗艾爾・高爾（Al Gore）的選戰就是採取形象策略，他為高爾貼上傲慢東岸人的標籤，並將自己塑造成一個駕駛貨卡的道地德州人，爭取民眾的認同。事實上，他跟這個形象根本八竿子打不著。布希是美國第四十三任總統，出生於康乃狄克州紐哈芬市，而他的祖父曾是當地的參議員。他的學歷：先是波士頓安多弗菁英學校，然後是耶魯大學，再來是哈佛大學。這段經歷和美國南方完全不搭嘎。這也決定了他在面臨危機時的領導風格，而他也在即將卸任前，被自己捏造出來的形象拖垮。比如說在面對二〇〇五年的卡崔娜（Katrina）颶風，以及在伊拉克戰爭時過早顯露贏家姿態時，他突然顯得有點笨拙。

許多民眾將接任的歐巴馬視為布希之後的救星，也是因為他說過這番話：「伊斯蘭愛好和平……想到伊斯蘭教，我們會想到那是一個給予世界上十億人心靈慰藉的宗教……讓所有種族成為兄弟姊妹的宗教……美國有數百萬穆斯林……包括醫生、律師、法學教授、軍人、企業家、店主、父親和母親……在這個國家，蒙著面紗的女性出門在外也能感到自在，戴頭巾的母親也不會感到心驚膽戰。」

上當了吧！這番話並非歐巴馬所說，而是出自二〇〇一年九一一恐怖攻擊之後，布希總統參觀一座清真寺時的演講。季辛吉（Kissinger）相信，歷史對布希的評價會隨著時間流逝越趨溫和。

愛因斯坦的數學很遜？

錯，這個答案應該可以讓大家感到安慰。愛因斯坦的數學成績一塌糊塗的謠言，早在他有生之年就已經存在了。他曾經在報紙上刊登文章闢謠：「我從來沒有為數學感到困擾，我十四歲時就很喜歡微積分了。」事實上，愛因斯坦六歲上小學時，就已經顯露出天分了。他的母親寫信給妹妹：「昨天阿爾伯特拿到成績單了，又是第一名，成績非常好。」他連跳兩級，九歲時就轉到慕尼黑的路易博德文理中學（Luitpold-Gymnasium）。但他不適應該校專制的風格，於是在十五歲時提前離開學校，在沒有高中畢業文憑的情況下申請理工大學物理系。他天資聰穎，原本應該可以通過入學考試的。他的物理和數學考試分數非常出色，但地理等其他學科就遜色不少。最後愛因斯坦沒通過入學考試。後來，他到瑞士阿爾高州（Aargau）念阿勞州立中學（Alte Kantonsschule Aarau）一年，取得正式高中畢業文憑，一八九六年十月才在瑞士蘇黎世聯邦理工學院開始大學學業。或許又是謠言造成的誤解，他在阿勞州立中學的畢業成績單上，物理確實是6分，數學也是。只是瑞士的評分方式和德國不同：在瑞士6代表「非常好」，德國則是相反。愛因斯坦原本的目標是取得數學和物理的教學文憑，只是後來他發明了相對論。

以前的人認為地球是平的嗎？

童書裡都是這麼寫的，還附上一艘船從遠端地平線上傾倒掉落的圖片。事實上，古典時期的人已經知道地球是球形，而且這個認知也一直延續到中世紀。因此也有傳言說，哥倫布就是因為相信地球是圓的，所以才會發現美洲。事實上，反對他的人說對了，他們知道這顆球相當龐大，所以哥倫布不可能實現從西方到達印度的計畫。要破除中世紀的民眾愚蠢無知的傳聞很容易，因為中世紀三大皇權象徵之一就是十字架金球，而金球正是代表地球。

誰是最先駕駛飛機橫越大西洋的人？

答案是兩個英國人：約翰・阿爾科克（John Alcock）和阿瑟・布朗（Arthur Brown），他們於一九一九年完成這項創舉。他們駕駛維克斯維美（Vickers Vimy）轟炸機從加拿大紐芬蘭島（Newfoundland）起飛，航行三千公里橫越大西洋，最後降落在愛爾蘭的克利夫登（Clifden）。八年後，美國著名飛行員查爾斯・林白（Charles Lindbergh）完成其聞名的橫越大西洋飛行之前，事實上早已經有六十六人先他一步辦到了。林白之所以能引起轟動的優勢在於行銷。他是第一個完成單人飛行橫跨大西洋的人，而且他選擇了全世界最受媒體注目的地方作為起飛和降落地點：紐約和巴黎。林白擁有帥氣的外表，並且深諳媒體生態，提供他們聳動的八卦新聞。自此，他成了橫越大西洋飛行員的完美化身，但他並非第一人。

羅馬時代真有囚犯被判得在船上划槳嗎？

卡通《阿斯泰利克斯歷險記》（*Asterix*）以及電影《羅賓漢》裡面有。事實上，羅馬人的戰船上沒有囚犯。原則上負責划槳的都是訓練有素的士兵，他們的薪餉極高。划槳囚犯是現代人虛構出來的角色。直到十五和十六世紀時，歐洲才有殺人犯和叛國犯被判得在戰船上從事鍛造苦役的工作。

伽利略為什麼被判刑？

人們常誤以為羅馬教廷之所以對義大利物理學家暨天文學家伽利略（1564-1642）進行審判，是因為雙方對地球是平的或圓的看法分歧，但其實雙方爭論的是地球在宇宙中的位置。這場審判的關鍵問題是，宇宙的中心點究竟是地球或太陽（即所謂的日心說或地心說）。伽利略堅稱太陽是宇宙的中心。但我們現在已經知道，這兩方都是錯的。但伽利略並未因其研究結果與神聖經文相悖而被判有罪，他的朋友兼支持者烏爾班（Urban）教皇不希望伽利略撤回論述，並堅持伽利略的日心說只是一種假設。但伽利略反駁他的說法，他堅持那是他確定的論述。根據現今的標準來看，烏爾班教皇的行事風格非常合乎科學精神，因為科學通常只是初步的結論。將審判伽利略視為科學與宗教相悖的論據是行不通的。歷史軼事也常說伽利略被判監禁，但立即又變成居家軟禁。他先是住在羅馬時代梅迪奇家族的住所，後來又前往義大利的西恩納，最後再回到他位在佛羅倫斯南部的山間別墅，繼續致力於研究，並完成他最主要的著作《論兩種新科學及其數學演化》（*Discorsi e dimostrazioni matematiche intorno a due nuove scienze*）。

錢真的讓世界變得圓滿了嗎？

人會互相模仿。二〇一五年去世的法國哲學家勒內・吉拉爾（Rene Girard）曾這麼說過：「當有人看見另一人把手伸向某個東西，他會試著模仿同一個姿勢。」這種模仿的衝動是一種「模仿競爭」，是戰爭也是文化的催化劑。凶殘的哥德人和日耳曼人入侵義大利時，還只是粗笨又野蠻的人；汪達爾人（Vandel）是古羅馬帝國時期生活在北歐的落後日爾曼民族，被當時的羅馬人認為是「蠻族」，臭名遠播。但事實上，這些粗魯的北方漢子在經過最多兩代的歲月洗禮後，便與羅馬貴族通婚。而留在德國並定居於阿爾卑斯山和北海之間的日耳曼人，則仍維持較為原始的生活方式。但當他們看見附近碉堡裡的人已經使用刀叉用餐，女性也不會被殘暴的扯頭髮，而是在悠揚的樂聲中被簇擁著，他們突然也想成為擁有這一切的城堡領主。他們也想要這種無可言喻的好東西。

古羅馬競技場上的鬥士如何向凱撒致敬？

反正絕對不會是：「Ave, Caesar, morituri te salutant.（嗨，凱撒老兄，瀕死之人在此向你問好！）」但這句法文確實曾出現在古代文學，也就是古羅馬政治家與歷史學家卡西烏斯・狄奧（Cassius Dio）僅殘存部分的八十卷偉大著作《羅馬史》（*Romische Geschichte*）中。他在書中描述數千名囚犯因為被皇帝克勞狄一世（Tiberius Claudius Caesar Augustus Germanicus）派去參加血腥的海戰而群起暴動，這些囚犯常用上述這句話問候他，目的是希望被赦免而不必去參戰。克勞狄（尼祿的養父，阿格里皮娜的丈夫）拒絕了。

「德國製造」過去也是一種品質保證的標籤嗎？

正好相反。「德國製造」的優質概念，是十九世紀末才在英國形成的。那是當時為了嚇阻劣質產品所採取的產地標示措施，主要是為了保護紡織品。由於薩克遜紡織工業的品質原則上還算不錯，於是久而久之「德國製造」就變成了品質保證的商標。

每個人都是座孤島嗎？

以世界史的角度來看當然不是。約五億年前，人類和所有動物源自於相同的祖先，如果時間再往前推，那麼人類就與菇菌同源，而在那之前，我們與藻類本是一家人。

如果我們百分之四十四的基因與果蠅相同，那麼人與人之間的關係會有多親近呢？我們真的是兄弟姊妹，並非象徵性的含意，而是就生物學層面來說。我們甚至無法離群索居，因為我們既無法自我安慰，也無法撫慰自己。這就是希臘哲學家亞里斯多德的「城邦生活」概念。

卡斯蒂利亞的瘋女胡安娜一世真的瘋了嗎？

卡斯蒂利亞女王胡安娜一世（Johanna）去世前，有如被世界遺棄般居住在托爾德西利亞斯（Tordesillas）的堡壘中。她已經精神錯亂，會隨手拿起地上的東西吃，往僕人身上吐口水，甚至把最小的女兒當奴隸看待。但也有傳言說，這一切全是哈布斯堡宮庭的宣傳手法。一四九六年，胡安娜從西班牙搭船前往荷蘭與美男子菲利普（腓力一世）結婚時，還是個無憂無慮的溫柔女孩。顯然，她烏黑的大眼睛和溫柔的模樣，讓菲利普為之傾倒，並且迫不及待想和她共度春宵。兩人才第一次見面，菲利普便要求主教必須在當天午後幫他們舉行結婚儀式，如此一來他當晚就能抱得美人歸。在所有相關書籍記載中都說，他們倆一見鍾情，但胡安娜過於緊迫盯人的愛很快便惹惱了菲利普。他總是盡可能找機會待在布魯塞爾（據稱他無法適應西班牙的天氣），與她保持距離。這個悲傷的故事是真的嗎？事實上，胡安娜七年間幾乎每年都為菲利普生下一個孩子。

實際上，他們兩人一定非常相愛。一五〇六年一個九月天中午，菲利普頂著酷熱的天氣和幾位王子在田野上玩回力球。運動後，菲利普一股腦的灌了一大杯冰水，後來出現痙攣和發燒症狀。幾天後，胡安娜的至愛菲利普便撒手人寰。據傳，胡安娜由於太過思念死去的夫婿，便將他的屍體塗上防腐劑保存起來，每天晚上與他一起共餐。但事實並非如此，她確實曾將他的屍體保存起來，但並非如八卦消息所傳的，是為了和他共享燭光晚餐，而是將他安置在一個玻璃棺裡。她每晚都會來看看這口玻璃棺，後來也伴著夫婿的屍體穿越西班牙，但她只在夜裡行動，因為「失去靈魂陽光的寡婦，不應出現在皓日的太陽下」。然而，這趟旅行其實有個非常合理的理由：前往位於格拉納達（Granada）的皇家陵墓。年紀漸長的胡安娜或許真的有點怪誕，但直指說她瘋了的故事只是哈布斯堡的惡意杜撰——至少西班牙人是這麼認為。

《印度慾經》是一本性愛教科書嗎？

不是。《印度慾經》（*Kama Sutra*）確實有明確描述性愛的段落，但全書七個章節中只有兩章與性有關。「Sutra」類似印度古代的維基百科，議題包羅萬象。《印度慾經》大約源自西元二二五〇年，記錄了有關社會、政治、醫學等議題。有關於性愛（印度教中人類生活的四大目標之一）的Sutra是《印度慾經》的一部分，且其中有部分是由匿名作者匯集而來。對歐洲人而言，這種感覺很獨特，因為數個世紀以來我們一直羞於翻譯那些與性愛相關的章節，如今卻突然一百八十度大轉變，大家雙眼緊盯著這兩章詳述性愛的章節。但其實，一旦整體深入了解《印度慾經》，了解性愛與人生其他三大目標的重要意義時，才明白《印度慾經》的奧妙之處。

人生四大目標除了愛慾（Kama），還有利（Artha，經濟）、代表印度教教義的法（Dharma，達摩），意指正確且善良的生活，以及凌駕一切之上的啟蒙和解脫（Moksha）。這些人生目標各有不同的重要意義，最底層的是Kama，其上是Artha，再來是人人引領期盼的Dharma。Kama可以隨取即得，要達到Artha就需要一些計畫。Dharma則必須付出努力，但或許永遠得不到。至於跳脫輪迴的Moksha是人能達到的最高境界。根據《印度慾經》的論述，肉體、物質和道德不僅有階級之分，也各有其合適的生命階段。《印度慾經》要教導人們，年輕時追求性愛的歡愉無可厚非，但年紀漸長，就應該重視更重要的事物。

《印度慾經》絕不只是一本性愛教科書，它甚至有點說教的成分。各位必須了解，筏蹉衍那（Vatsyayana Mallanaga）撰寫《印度慾經》的那個年代，學術活動蔚為風尚，「世俗」的一切被稱為崇尚享樂主義。此種主義認為Dharma和Moksha全是無稽之談，世界上並沒有神，及時行樂才是人生唯一目標。但《印度慾經》的立場不同：肉體的歡愉確實存在——就像一般的百科叢書，《印度慾經》第二章詳細說明性愛知識，且特別著重在前戲的技巧——但人生還有其他更重要、更值得追求的事物。

《印度慾經》真正有趣的是，它不是一本傳授男女性交技巧的書籍，而是致力於追求正確生活、精闢闡述生命中性愛和追求肉體歡愉的重要性。有趣的是，這本書也明文讚揚一夫一妻的性關係。婚姻是《印度慾經》的研究和教導重點。有關婚姻的第四章是本書最重要的菁華。這本書之所以地位崇高，是因為作者在撰寫《印度慾經》的那個時代，印度上流菁英階層普遍擁有多妻。一夫一妻攜手邁向Dharma的想法，在當時仍是嶄新的觀念。作者筏蹉衍那還在書末整理了一些珍貴的實用建議，比如去找妓女以及一些密技，以備讀者在竭盡所能，但仍無法維持道德婚姻生活時，能派上用場。其他還有像是在男性生殖器塗上胡椒、山楂和蜂蜜，或者在妻子身上撒上少許磨碎的荊棘、猴糞和百合根，據說這麼一來，妻子就不會再多看別的男人一眼。

食人族會將獵物塞入鍋子烹煮嗎？

長期以來，我們不時會聽聞人吃人的恐怖故事，說南美洲、非洲、澳洲，以及太平洋群島上的人類會相殘，這些恐怖故事似乎是為了將殖民主義合理化。但如果以人類學的角度仔細觀察，食人現象卻是歷史上不爭的事實，因為巴布亞新幾內亞的一些部落，如佛爾族（Fore），直到二十世紀還保有在某些儀式場合上吃人肉的習俗。二〇〇三年十月，斐濟群島的某個部族甚至為過去在儀式場合殺害、啃食英國傳教士的祖先，而向他們的後裔正式道歉。新幾內亞西部族被證實直到七〇年代還有祭人儀式。一九六一年，美國洛克斐勒家族的繼承人之一麥可・洛克斐勒（Michael Rockefeller），在前往拜訪這地區的阿斯馬特族（Asmat）途中失蹤。他是當時美國副總統納爾遜・奧爾德里奇・洛克斐勒（Nelson Aldrich Rockefeller）最小的兒子，是個熱愛探險的花花公子。

這個故事還有個羅曼蒂克的版本：這位年輕的億萬財產繼承人愛上了當地的土著女孩，決定留下來跟阿斯馬特族人一起生活。據說在八〇年代，當地出現了一些皮膚白皙的土著。但這個故事的真實版本是：這位年輕的洛克斐勒家族後代被當地土著殺害且吃掉了，但絕對不是塞入大鍋爐裡烹煮。大尺寸的金屬鍋爐必須採用現代化生產技術才製造得出來，新幾內亞的部落應該是用火烤的方式來處理戰利品。

哥倫布發現美洲？

「發現」美洲的人，是歐洲人稱為「印第安人」的美洲原住民的祖先。他們大約在冰河時期末期（約一萬二千年前），從亞洲來到這個杳無人煙的新大陸。得到西班牙王室支持的義大利人克里斯多福・哥倫布（Christoph Kolumbus）甚至不是最先穿越大西洋的歐洲人。在他之前已經有其他航海人完成這項壯舉，其中還包括了諾曼人。其一就是著名的北歐維京探險家：冰島人萊夫・艾瑞克森（Leif Eriksson, c.970-1208）。為紀念這位首先登上美洲土地的歐洲人，美國明尼蘇達州聖保羅市在市政廳附近設立了一座雕像。哥倫布在有生之年從不曾踏上美洲的土地，甚至沒去過比加勒比地區更遠的地方。

《世界大戰》首度透過收音機播出時造成了什麼影響？

美國城市爆發大規模恐慌？當然不是。改編自H・G・威爾斯（H. G. Wells）同名小說《世界大戰》（*The War of the Worlds*）的電台廣播劇，由奧森・威爾斯（Orson Welles）擔任劇中主播，一九三八年時僅於少數美國農村廣播電台播出。這部廣播劇播出時正值第二次世界大戰，而且是以模仿新聞播報的形式播出，所以很多美國聽眾信以為真，隨即引發恐慌。劇中演出當地報紙報導警察和消防隊收到一大堆緊急報案，全屬編劇的自由發揮，因為他們想把收音機詆毀為麻煩和不可靠的媒介。擁有H．G．威爾斯作品版權的美國哥倫比亞廣播電台，並未出面否認這則播報的真實性，因為他們很快就明白，群眾恐慌的神話是最好的行銷，並且竭盡所能讓這齣廣播劇繼續播出。

「讓他們吃蛋糕吧！」是誰說的？

不是法國皇后瑪麗．安東妮。這句話最早出現在瑞士裔法國思想家盧梭的《懺悔錄》。盧梭撰寫這部作品時，瑪麗．安東妮約十歲，還是個無憂無慮的小公主。這句話是宮廷裡某位高層人士對於下屬通告百姓鬧飢荒、糧食不足時的反應，這個反應也可能來自路易十四的情人或妻子，但她們在宮廷裡的年代肯定比瑪麗．安東妮更早。但這句話也可能純屬虛構，只是為了營造十八世紀時法國宮廷對老百姓生活漠不關心的形象。

拿破崙很矮嗎？

拿破崙喜歡和他身材高大的高級軍官護衛為伍，或許是因此才會出現他個頭很矮的傳聞。拿破崙身高一百六十九公分，明顯高於當代男性平均身高。他早期有個綽號「小小的下士」，但這個稱號比較像是表達說者對拿破崙的喜愛和好感，與他的身高無關。

羅馬城大火時，尼祿做了什麼？

絕對不是像電影《羅馬帝國三部曲：暴君焚城錄》中那樣，與演員彼德·烏斯蒂諾夫（Peter Ustinov）在演奏小提琴，況且小提琴還是在那之後一千五百年才發明的。西元六四年七月十八日夜晚，暴君尼祿（西元三七至六八年）根本不在羅馬城裡，而是遠在近六十公里外的莊園。多數人咬定這場大火就是他親自下令縱火的，為的就是從中取樂，但這根本是無稽之談。有關這位據聞以百姓死亡和痛苦自娛的皇帝的故事，就和其他許多軼事一樣：聽起來很合理，但以嚴格的歷史角度分析，根本不可能發生。但有些軼事暴露的真相，卻可能比鉅細靡遺的文字記載還多。

然而，尼祿無視百姓疾苦的暴君形象本質是正確的。尼祿是個獨特的怪物，大屠殺的劊子手。他有一名親信專司下毒，凡是阻礙尼祿或尼祿懼怕之人，這位下毒者都會趕盡殺絕。他甚至也派人謀殺了自己的母親。尼祿非常熱愛音樂，他除了彈奏七弦豎琴外，還深諳其他樂器，甚至對風笛也頗具天分。電影中彈奏小提琴的橋段雖然與事實不符，但在寓意上也還算合理。劇中他最後說道：「世界和我同時失去了多麼偉大的藝術家。」會有傳言說尼祿是西元六四年七月這場大火的罪魁禍首，可能是因為大火更有利於他實現夷平整座城區的計畫，而且他還能趁機利用民眾對這場火災（後來證實這場大火是市場小販引起）的憤怒，對他早已恨之入骨的羅馬基督教派祭出大屠殺。

第一屆現代奧林匹克運動會在哪裡舉辦？

英國西部小鎮文洛克（Wenlock，位於什羅普郡〔Shropshire〕）。奧林匹克運動會的復興，不像一般人所以為的應歸功於法國的顧拜旦（Coubertin），而是英國植物學家暨希臘文化愛好者威廉・P・布魯克斯（William P. Brookes）博士。布魯克斯博士發起的奧林匹克運動會，自一八五〇年起每年在英國和威爾斯邊界上的這個小鎮舉辦，早期的比賽項目包括：跳遠、八百公尺賽跑和田賽投擲。後來又增加其他項目：最受歡迎的獨輪車比賽和樹幹投擲。樹幹投擲是蘇格蘭高地運動會上最重要的項目之一，也是歐洲體育歷史上最悠久的競賽項目。

文洛克奧運會的優勝者會受頒月桂花環作為獎勵，甚至還會獲得些許獎金。十九世紀的六〇和七〇年代，奧運會享有盛名，希臘皇帝喬治一世（Georg I）甚至還捐贈過優勝銀牌。一八八八年，顧拜旦去函給布魯克斯博士，兩年後他親臨文洛克奧運會。他深受這場運動會及其希臘風格的舉辦方式吸引，決定與金主和政府官員聯絡並著手籌劃，將布魯克斯博士的想法國際化。一八九四年，他成立了國際奧林匹克委員會，在他的倡議下，奧林匹克運動會兩年後首次再度於雅典舉辦。但布魯克斯博士在運動會前幾個月辭世，無緣共襄盛舉。

海盜真的是海盜嗎？

每個時期、每片海域都曾有海盜，但自十八世紀（確切年分是一七一三年），歐洲國家體系逐漸穩固時，各海域陸續出現不同形象的艦隊，一種是經皇室授權的海軍艦隊，另一種則是無任何皇室標誌、專肆掠奪打劫的海盜船隊。一七一三年，西班牙王位繼承戰爭結束，在烏特勒支（Utrecht）簽訂了《烏特勒支條約》，歐洲國家地位得到鞏固，海盜則淪為無國籍者。在這段過渡時期，常出現赫赫一時的海盜變成了高官顯要，或是被施以絞刑的巧合。就像歷史人物法國梅森船長（Misson）的遭遇，他於一七二〇年左右夢想在馬達加斯加建立一個小王國，後來卻因《烏特勒支條約》被判為罪犯。海盜和非海盜之間的區別，至少百年來都只憑藉著有無那一只皇室標誌（順道一提，標誌很容易造假）。

里希特霍芬在第一次世界大戰被封為「紅男爵」？

曼弗雷德・馮・里希特霍芬（Manfred von Richthofen）常駕駛紅色飛機執行勤務，但從未被任命為「紅男爵」。他的自傳書名為《紅色戰鬥機飛行員》（*Der Rote Kampfflieger*），在書中他喜歡以第三人自稱。這本回憶錄約在他去世前一年，也就是一九一七年，由柏林烏爾斯坦出版社（Ullstein Verlag）發行。一九一八年，里希特霍芬在一場飛行戰役中於索姆河（Vauxsur-Somme）附近遭子彈擊中身亡，享年二十五歲。一九三三年，《紅色戰鬥機飛行員》發行新版，由當時的帝國部長戈林為該書寫序。里希特霍芬於辭世後獲得「紅男爵」的封號。

羅賓漢真的是劫富濟貧的化身嗎？

可能有人會說歷史上根本沒有羅賓漢這號人物，他是文學作品中的人物。但事實不全然如此。帶領著一班手下、名為羅賓漢的土匪頭子確實真有其人。十四世紀中葉，英國的小酒館裡常揚起詞句優美且押韻的故事和歌曲。它們在當時流行文化中的功能，就有如今日的《黑道家族》影集，或美國知名導演昆汀·塔倫提諾（Quentin Tarantino）的電影：它們都讚揚暴力，並藉此誘使觀眾認同暴力行為。

十六世紀的戲劇為迎合當代都會和菁英分子的品味，於是普通的強盜隊長成了劫富濟貧的貴族。但在羅賓漢原始版本的故事中，並沒有這種俠盜的寓意，是維多利亞時代的作家華特·司各特爵士（Sir Walter Scott）賦予我們現在所知的羅賓漢俠盜形象。司各特爵士以古老的歷史故事為題材，希望以「艾凡赫」（Ivanhoe）這個角色創作出一種英國風格的國家史詩。在該書中，羅賓漢終於不再是卑鄙的罪犯，而是對抗非法權力的英雄。羅賓漢和他的追隨者住在森林裡的傳奇性色彩，也是司各特爵士虛構的，他掌握到維多利亞時代人們對森林的嚮往，就像十九世紀盛行的騎士小說是作家將城市和工業崛起視為威脅的一種反應。

塞勒姆審巫案共燒死多少女人？

塞勒姆（Salem）審巫案中遭判刑者，無人被處以火刑，十九人被處以絞刑，一名八十歲的被告被石塊擊斃，另有十五人於審判期間或在獄中死亡。和德國不同的是，在十七世紀的美國出現這種集體被病魔折磨的現象，真的非常不尋常。但塞勒姆突然展開獵巫行動的起因眾說紛紜。最普遍的說法是，自一六三〇年起，統治麻薩諸塞海灣地區殖民地的清教徒出現集體歇斯底里的情況，有可能是食用遭麥角毒素汙染的穀物後，導致感官異常所致。

奴隸問題是美國內戰的核心嗎？

美國的南北戰爭中，哪一邊是「好人」？穿藍色制服的那一邊，也就是主張解放奴隸的那一邊。這問題真無聊！主張解放奴隸的那一邊。維多利亞時代的英國作家狄更斯卻有不同看法。狄更斯認為，美國發生內戰的主因在於稅收，而不是奴隸解放問題。一八六〇年當選美國總統的共和黨員亞伯拉罕．林肯（Abraham Lincoln），藉由這場對抗美國南部的戰役阻止了美國分裂，但他本身並不反對奴隸制度。他在就任演說時明確表示：「我無意直接或間接干預有蓄奴制度的州。」對林肯而言，非白人的生命根本一文不值，林肯和他親近的美國陸軍將軍（他年輕時曾自願參加對抗美國索克族印第安人的戰役）屠殺印第安人一事，早已印證了這一點。林肯是位政治謀略大師，他利用保留奴隸制度的法律，誘引那些已經準備放棄分裂的州。以歷史的角度來看，美國南北戰爭有兩點非常有意思：共計六十萬名軍人和五萬名民眾在這場戰爭中喪生，創下美國人在戰爭中死亡的最高紀錄。而正如林肯多次強調的，發動戰爭的原因無他，都是為了維持美國的統一。從憲法的角度來看，這場戰爭更加值得令人深思：林肯剝奪了美國南部各州分裂和脫離的這項權利，而這正是數十年前美國建國的基礎。

事實上，更發人省思的是：美國革命和法國大革命的核心並不在於解放奴隸。我們非常清楚加勒比群島上的奴隸是如何得到解放的：透過用甜菜製糖的技術。因為歐洲本土掌握製糖技術後，便能自行大量生產便宜的糖，使得從牙買加和古巴進口蔗糖的成本過高，反而不划算。

鐵達尼號是不是想破競速紀錄？

這個假設問題是受到一九三四年的一部德國宣傳影片啟發。這支影片將英國人塑造成罔顧乘客性命、追求競速刺激的魯莽賭徒。十九世紀盛行比賽誰能最快橫渡大西洋，紀錄締造者能獲得藍綬帶獎（Blaue Band），許多通俗文學和電影中都曾提過這個獎項。當時該獎屬於競爭對手冠達海運（Cunard Line）旗下的茅利塔尼亞號（Mauretania），它橫越大西洋的時間，比鐵達尼號（Titanic）少了將近一天。但英國白星輪業（White Star Line）旗下的鐵達尼號根本不打算打破競速紀錄，因為鐵達尼號的驅動系統並不是為競速設計的。一九一二年四月十五日撞上冰山後沉船的鐵達尼號，其輸出功率為五萬一千匹馬力，茅利塔尼亞號則超過七萬八千匹。鐵達尼號純粹只是為了提供富有乘客奢華的輪船服務，而不是為了競速。

誰是環航地球第一人？

如果在Google輸入這個問題，找到的答案是葡萄牙探險家費南多·麥哲倫（Ferdinand Magellan）。他於一五一九年從塞維亞啟航，因為他很確定南美洲和太平洋之間有通道。奧地利猶太裔作家茨威格所寫的名人傳記之一，正是關於麥哲倫生平。麥哲倫是世界史上最重要的人物之一，他也是第一位提出有關天空的一些現象，後來被證實是緊鄰的星系。但麥哲倫並沒有親自完成環球壯舉，一五二一年他死於菲律賓。環球的第一人是麥哲倫的奴隸恩里克·德馬拉卡（Enrique de Malaca）。他的名字是麥哲倫為他取的，德馬拉卡從何而來，無人知曉。麥哲倫在一五一一年一次東南亞航行期間在馬來西亞的奴隸市場買下了他。他陪著麥哲倫走遍大大小小的航行，包括一五一九年從塞維亞啟航、一五二二年返回西班牙出發港口的環球航行。

維京人戴著有角的頭盔？

絕對沒有。維京人有角的頭盔是德國歌劇作曲家理察・華格納（Richard Wagner）的創作。一八七六年夏天，華格納在德國拜羅伊特（Bayreuth）音樂節的開幕式上，首次完整演出《尼貝龍根的指環》（*Der Ring des Nibelungen*）歌劇時，維京人有角的頭盔首度在世人面前亮相。只有在揮霍無度的德國巴伐利亞國王路德維希二世（Ludwig II）的財力支援下，才能打造出精心布置的舞台，以及華格納四部交織呈現的獨立歌劇。

時空旅行真能做到嗎？

不可能。「如果真能穿越時空旅行，我們這裡早就被未來的觀光客占據了。」英國著名物理學家史蒂芬・霍金（Stephen Hawking）說道。另一方面：此刻正在發生的所有事物都是場時空旅行。各位讀者正在閱讀的文字是我過去所寫的，但這些文字現在正浮現在各位的腦海裡。等於身為作者的我出現在各位的腦海裡時，並非我正在撰寫這些文字的此刻，而是在各位閱讀這本書的時候。在此，我想利用我們在未來相遇的機會向各位道別，感謝各位在我們共同的時空旅途中的陪伴和支持。

參考文獻

本書淺談的議題過於龐大，實在無法在此一一細數所有為我提供建議或指引的書籍。但以下對我意義非凡的書籍，絕不能不提：

Alvarez, Walter: *T. rex and the Crater of Doom*. Princeton University Press, Princeton 1997.

Anderson, Benedict: *Die Erfi ndung der Nation*. Ullstein Verlag, Berlin 1998.

Ansary, Tamim: *Die unbekannte Mitte der Welt*. Campus Verlag, Frankfurt a. M. 2010.

Assmann, Jan: *Exodus. Verlag C. H. Beck*, München 2015.

Auerbach, Erich: *Mimesis (1942 – 1949)*. Francke Verlag, Tübingen 2015.

Berger, Klaus: *Paulus*. Verlag C. H. Beck, München 2002.

Berlin, Isaiah: *Die Wurzeln der Romantik*. Berlin Verlag, Berlin 2004.

Bernstein, Peter L.: *Against the Gods*. John Wiley & Sons, New York 1996.

Berry, Robert J.: *The Lion Handbook of Science & Christianity*. Lion Hudson, Oxford 2012.

Bidez, Joseph: *Kaiser Julian – Der Untergang der heidnischen Welt*. Rowohlt Taschenbuch, Reinbek 1956.

Borkenau, Franz: *Ende und Anfang*. Ernst Klett Verlag, Stutt gart 1984.

Bowman, Alan K., Woolf, Greg: *Literacy and Power*, Cambridge University Press, Cambridge 1964.

Bredekamp, Horst: *Der schwimmende Souverän – Karl der Gro.e und die Bildpolitik des Körpers*. Wagenbach, Berlin 2014.

Brown, Alison: *The Renaissance*. Longman Publishing, New York 1988.

Brown, Peter: *Divergent Christendoms*. The Emergence of a Christian Europe. Blackwell, Oxford 1995.

Burckhardt, Jacob: *Vorträge zu Kunst und Kulturgeschichte*. Dietrich'sche Verlagsbuchhandlung, Leipzig 1987.

Burckhardt, Jacob: *Das Geschichtswerk Band I und II*. Zweitausendeins, Frankfurt a. M. 2007.

Cave, Stephen: *Unsterblich*. Fischer Verlag, Frankfurt a. M. 2012.

Demandt, Alexander: *Kleine Weltgeschichte*. Fischer Taschenbuch, Frankfurt a. M. 2007.

Die Bibel. Einheitsübersetzung der Heiligenschrift. Pattloch, Stuttgart 1980.

Diringer, David: *The Alphabet – A Key to the History of Mankind*. Hutchinson, London 1968.

Elias, Norbert: *Über den Prozess der Zivilisation*. Suhrkamp Taschenbuch, Frankfurt a. M. 1997.

Fernau, Joachim: *Rosen für Apoll*. F. A. Herbig Verlagsbuchhandlung, München 1961.

Fest, Joachim: *Nach dem Scheitern der Utopien*. Rowohlt Verlag, Reinbek 2007.

Fest, Joachim: *Hitler*. Propyläen Verlag, Berlin 1973.

Finley, Moses I.: *Die Griechen*. Verlag C. H. Beck, München 1976.

Finley, Moses I.: *Aspects of Antiquity*. Penguin Books, London 1977.

Ford, Martin: *The Rise of the Robots*. Oneworld, London 2015.

Fraser, Lady Antonia: *Boadicea's Chariot*. Weidenfeld & Nicolson, London 2011.

Freely, John: *Aladdin's Lamp*. Alfred A. Knopf, New York 2009.

Friedell, Egon: *Kulturgeschichte der Neuzeit*. Dio genes Taschenbuch, Zürich 2009.

Goethe, Johann Wolfgang: *Winckelmann und sein Jahrhundert*. Cotta'sche Buchhandlung, Tübingen 1805.

Gombrich, Ernst H.: *Eine kurze Weltgeschichte für junge Leser*. Du Mont Buchverlag, Köln 1985.

Haller, Reinhard: *Das ganz normale Böse*. Rowohlt Taschenbuch, Reinbek 2011.

Harari, Yuval Noah: *Eine kurze Geschichte der Menschheit*. Deutsche Verlags-Anstalt, München 2013.

Heather, Peter: *Empires and Barbarians*. Macmillan, London 2009.

Hildebrandt, Dieter: *Saulus, Paulus*. Carl Hanser Verlag, München 1989.

Hintze, Ott o: *Feudalismus – Kapitalismus*. Vandenhoeck & Ruprecht, Göttingen 1970.

Huizinga, Johan: *Das Problem der Renaissance*. Wissenschaftliche Buchgemeinschaft, Tübingen 1953.

Huizinga, Johan: *Wege der Kulturgeschichte*. Drei Masken Verlag, München 1930.

Jaspers, Karl: *Vom Ursprung und Ziel der Geschichte*. Piper Verlag, München 1950.

Jaynes, Julian: *Der Ursprung des Bewußtseins durch den Zusammenbruch der bikameralen Psyche*. Rowohlt Verlag, Reinbek 1988.

Kaufh old, Martin: *Die großen Reden der Weltgeschichte*. Marixverlag, Wiesbaden 2012.

Kennedy, Paul: *The Rise and Fall of Great Powers*. Fontana Press, New York 1988.

Kissler, Alexander: *Der aufgeklärte Gott*. Patt loch Verlag, München 2008.

Kohlmeier, Michael: *Geschichten von der Bibel*. Piper Verlag, München 2004.

Kothe B.: *Abrißder allgemeinen Musikgeschichte*. Verlag von F. E. C. Leuckart, Leipzig 1909.

Kracauer, Siegfried: *Geschichte – Vor den letzten Dingen*. Suhrkamp Taschenbuch, Frankfurt a. M. 1971.

LeGoff , Jacques: *L'Europe est-elle née au Moyen Âge?* Editions du Seuil, Paris 2003.

LeGoff , Jacques: *Die Liebe zur Stadt*. Campus Verlag, Frankfurt a. M. 1998.

Lloyd, John, und Mitchinson, John: *The Book of General Ignorance*. Harmony Books, New York 2006.

Magnis, Esther Maria: *Gott braucht dich nicht*. Rowohlt Verlag, Reinbek 2012.

Mett ernich, Clemens Fürst von: *Ordnung und Gleichgewicht*. Karolinger Verlag, Wien 1995.

Metzger, Rainer: *Die Stadt*. Brandstätter Verlag, Wien 2015.

Mithen, Steven: *The Prehistory of the Mind*. Th ames & Hudson, London 1996.

Nelson, Brian R.: *Western Political Thought*. Prentice Hall, Englewood Cliffs 1996.

O'Hear, Anthoy: *The Landscape of Humanity*. Imprint Academic, Exeter 2008.

Pieper, Josef: *Über das Ende der Zeit*. Verlagsgemeinschaft Topos Plus, Kevelaer 2014.

Pollock, Sheldon: *The Language of the Gods in the World of Men: Sanskrit, Culture and Power in Premodern India*. University of California Press, Berkeley 2006.

Popper, Karl R.: *Auf der Suche nach einer besseren Welt*. Piper Verlag, München 1984.

Presser, Jacques: *Napoleon*. Manesse Verlag, Zürich 1990.

Pryce-Jones, David: *The Closed Circle. An Interpretation of the Arabs*. Weidenfeld & Nicolson, London 1989.

Ratzinger, Joseph Kardinal: *Europa – Geistige Grundlagen*. Vortrag am 28. November 2000 in der Bayerischen Vertretung in Berlin.

Sanders, Seth L.: *The Invention of Hebrew*. University of Illinois Press, Chicago 2011.

Schama, Simon: *The Story of the Jews*. Bodley Head, London 2013.

Schmitt , Carl: *Land und Meer*. Cotta'sche Buchhandlung, Leipzig 1942.

Schramm, Gott fried: *Funf Wegscheiden der Weltgeschichte*. Vandenhoeck & Ruprecht, Göttingen 2004.

Schwarzenberg, Karl: *Adler und Drache – Der Weltherrschaft sgedanke*. Verlag Herold, Wien 1958.

Scull, Andrew: *Madness in Civilization*. Princeton University Press, Princeton 2015.

Seibt, Gustav: *Canaletto im Bahnhofsviertel*. Zu Klampen Verlag, Springe 2005.

Sieburg, Friedrich: *Gott in Frankreich*. Societäts-Verlag, Frankfurt a. M. 1958.

Stark, Rodney: *Gottes Krieger*. Haff mans & Tolkemitt, Berlin 2014.

Starr, Chester G.: *A History of the Ancient World*. Oxford University Press, New York/Oxford 1991.

Taleb, Nassim Nicholas: *The Black Swan*. Random House, New York 2007.

Taylor, Alan J. P.: *Europe, Grandeur and Decline*. Penguin Books, London 1967.

Th omson, David: *Political Ideas*. Penguin Books, London 1969.

Varoufakis, Yanis: *Time for Change*. Carl Hanser Verlag, München 2015.

Winkler, Heinrich August: *Geschichte des Westens –Von den Anfängen der Antike bis zum 20. Jahrhundert*. Verlag C. H. Beck, München 2009.

Wittgenstein, Ludwig: *Geheime Tagebücher*. Turi & Kant, Wien 1991.

Woolf, Greg: Rome: *An Empire's Story*. Oxford University Press, Oxford 2012.

Zweig, Stefan: *Sternstunden der Menschheit*. S. Fischer Verlag, Frankfurt a. M. 1962.

謝詞

我不僅要感謝我太太愛琳娜（Irina）對我的支持，同時也要請求她原諒，因為在撰寫這本書時，我經常無法陪在她身邊。我也要感謝出版社負責人古納爾・施密特（Gunnar Schmidt）先生，是他的鼓勵，我才能完成這本書。要完成這麼瘋狂的冒險，需要很大的鞭策力。他辦到了，他也讓我藉由這本書完成了我多年的願望。感謝兩位審稿人里卡達・韶爾（Ricarda Saul）和烏爾里希・萬克（Ulrich Wank）的耐性和嚴謹。我們三人真的是一個優秀的團隊。感謝哈拉瑞教授、塞巴斯蒂安・葛拉夫・亨克爾—多納斯馬克（Sebastian Graf Henckel-Donnersmarck）、湯馬士・馬丘（Thomas Macho）教授、馬丁・摩斯巴赫和（Martin Mosebach）和亞歷山大・皮薛拉（Alexander Pschera）博士提供寶貴的文獻建議和意見。感謝喬哈娜・史波德爾（Johanna Sprondel）博士、安東尼・基安布郎（Anthony Giambrone）神父、華特・史塔特（Walter Straten）、拉夫・喬治・洛意特（Ralf Georg Reuth）博士、特蕾西・羅蘭（Tracey Rowland）教授，以及特別是海克・瓦爾特（Heike Wolter）博士費心審查我的手稿，最後感謝安娜麗・史力克—愛力克森（Annelie Schlieker-Erikson）和默利茲・史坦侯納（Moritz Stranghöner）給予我精神上的支持。

※如果您想追蹤作者，請關注：Twitter@AlecSchoenburg。或光臨他的部落格：www.OnAlexandersMind.blogspot.com。

國家圖書館出版品預行編目資料

外帶一杯世界史：從世界之都、重要理念、最酷發明、英雄與惡魔……等視角趣看人類歷史／亞歷山大·封·笙堡(Alexander von Schönburg)著；闞旭玲、陳宣名、許嫚紅、張淑惠譯 -- 初版. -- 臺北市：商周出版：家庭傳媒城邦分公司發行, 2018.03
面；　公分. -- (漫遊歷史；19)
譯自：Weltgeschichte to go

ISBN 978-986-477-408-1(平裝)

1.世界史 2.通俗史話

713　　107001042

感謝歌德學院（台北）德國文化中心 協助
歌德學院（台北）德國文化中心是德國歌德學院（Goethe-Institut）在台灣的代表機構，五十餘年來致力於德語教學、德國圖書資訊及藝術文化的推廣與交流，不定期與台灣、德國的藝文工作者攜手合作，介紹德國當代的藝文活動。
歌德學院（台北）德國文化中心Goethe-Institut Taipei
地址：100 臺北市和平西路一段 20 號 6/11/12 樓
電話：02-2365 7294
傳真：02-2368 7542
網址：http://www.goethe.de/taipei

漫遊歷史 19

外帶一杯世界史：從世界之都、重要理念、最酷發明、英雄與惡魔……等視角趣看人類歷史

作　　者／亞歷山大·封·笙堡（Alexander von Schönburg）
譯　　者／闞旭玲、陳宣名、許嫚紅、張淑惠
企畫選書／羅珮芳
責任編輯／羅珮芳

版　　權／林心紅
行銷業務／張媖茜、黃崇華
總 編 輯／黃靖卉
總 經 理／彭之琬
發 行 人／何飛鵬
法律顧問／元禾法律事務所王子文律師
出　　版／商周出版
台北市104民生東路二段141號9樓
電話：(02) 25007008　傳真：(02)25007759
E-mail：bwp.service@cite.com.tw
發　　行／英屬蓋曼群島商家庭傳媒股份有限公司城邦分公司
台北市中山區民生東路二段141號2樓
書虫客服服務專線：02-25007718；25007719
服務時間：週一至週五上午09:30-12:00；下午13:30-17:00
24小時傳真專線：02-25001990；25001991
劃撥帳號：19863813；戶名：書虫股份有限公司
讀者服務信箱：service@readingclub.com.tw
城邦讀書花園 www.cite.com.tw
香港發行所／城邦（香港）出版集團
香港灣仔駱克道193號東超商業中心1F　E-mail: hkcite@biznetvigator.com
電話：(852) 25086231　傳真：(852) 25789337
馬新發行所／城邦（馬新）出版集團【Cite (M) Sdn Bhd】
41, Jalan Radin Anum, Bandar Baru Sri Petaling,
57000 Kuala Lumpur, Malaysia.
電話：(603) 90578822　傳真：(603) 90576622
Email: cite@cite.com.my

封面設計／日央設計
內頁排版／立全電腦印前排版有限公司
印　　刷／韋懋實業有限公司
經　　銷／聯合發行股份有限公司 電話：(02) 29178022　傳真：(02)2911-0053
新北市231新店區寶橋路235巷6弄6號2樓

■2018年3月20日初版
定價350元

Printed in Taiwan

城邦讀書花園
www.cite.com.tw

商周出版

廣　告　回　函
北區郵政管理登記證
北臺字第000791號
郵資已付，免貼郵票

104　台北市民生東路二段141號2樓

英屬蓋曼群島商家庭傳媒股份有限公司城邦分公司　收

請沿虛線對摺，謝謝！

商周出版

書號：BUB019　　書名：外帶一杯世界史　　編碼：

商周出版

讀者回函卡

感謝您購買我們出版的書籍！請費心填寫此回函卡，我們將不定期寄上城邦集團最新的出版訊息。

不定期好禮相贈！
立即加入：商周出版
Facebook 粉絲團

姓名：＿＿＿＿＿＿＿＿＿＿＿＿＿＿ 性別：□男 □女

生日：西元＿＿＿＿＿年＿＿＿＿＿月＿＿＿＿＿日

地址：＿＿＿＿＿＿＿＿＿＿＿＿＿＿＿＿＿＿

聯絡電話：＿＿＿＿＿＿＿＿＿＿ 傳真：＿＿＿＿＿＿＿＿＿＿

E-mail ：

學歷：□ 1. 小學 □ 2. 國中 □ 3. 高中 □ 4. 大學 □ 5. 研究所以上

職業：□ 1. 學生 □ 2. 軍公教 □ 3. 服務 □ 4. 金融 □ 5. 製造 □ 6. 資訊
□ 7. 傳播 □ 8. 自由業 □ 9. 農漁牧 □ 10. 家管 □ 11. 退休
□ 12. 其他＿＿＿＿＿＿＿＿＿＿＿＿＿＿＿＿

您從何種方式得知本書消息？

□ 1. 書店 □ 2. 網路 □ 3. 報紙 □ 4. 雜誌 □ 5. 廣播 □ 6. 電視
□ 7. 親友推薦 □ 8. 其他＿＿＿＿＿＿＿＿＿＿＿＿

您通常以何種方式購書？

□ 1. 書店 □ 2. 網路 □ 3. 傳真訂購 □ 4. 郵局劃撥 □ 5. 其他＿＿＿

您喜歡閱讀那些類別的書籍？

□ 1. 財經商業 □ 2. 自然科學 □ 3. 歷史 □ 4. 法律 □ 5. 文學
□ 6. 休閒旅遊 □ 7. 小說 □ 8. 人物傳記 □ 9. 生活、勵志 □ 10. 其他

對我們的建議：＿＿＿＿＿＿＿＿＿＿＿＿＿＿＿＿＿＿＿＿

＿＿＿＿＿＿＿＿＿＿＿＿＿＿＿＿＿＿＿＿＿＿＿＿＿＿

＿＿＿＿＿＿＿＿＿＿＿＿＿＿＿＿＿＿＿＿＿＿＿＿＿＿

請於此處用膠水黏貼